Ernst Alfred Stückelberg

Die Thronfolge von Augustus bis Constantin

Genealogische Studien zur Geschichte der römischen Kaiserzeit

Ernst Alfred Stückelberg

Die Thronfolge von Augustus bis Constantin
Genealogische Studien zur Geschichte der römischen Kaiserzeit

ISBN/EAN: 9783743442474

Hergestellt in Europa, USA, Kanada, Australien, Japan

Cover: Foto ©ninafisch / pixelio.de

Manufactured and distributed by brebook publishing software (www.brebook.com)

Ernst Alfred Stückelberg

Die Thronfolge von Augustus bis Constantin

Die Thronfolge
von
Augustus bis Constantin.

Genealogische Studien
zur
Geschichte der Römischen Kaiserzeit.

Von

E. A. Stückelberg,
Dr. phil. und Docent der Alterthumskunde in Zürich.

Wien.
Verlag der Heraldischen Gesellschaft „Adler". — Druck von Carl Gerold's Sohn.
1897.

Vorwort.

Die nachfolgende Arbeit enthält nicht eine zusammenhängende Geschichte der römischen Thronfolge; sie zählt nicht alle Verhältnisse und Ereignisse der Geschichte auf, denen jeder Kaiser die Herrschaft verdankte.

Sie stellt vielmehr einen Versuch dar, das genealogische Moment, den dynastischen Gedanken hervorzuheben, der bei jeder Kaiserwahl, Adoption oder Kaiserehe zutage tritt.

Ausschließlich unter diesem Gesichtspunkte ist das Material gesammelt, geordnet und zusammengestellt; es galt dem Verfasser, das constante Streben der genealogischen Anknüpfung seitens jeder Kaiserfamilie an entthronte Dynastien nachzuweisen. Nichts könnte einer Arbeit wie der unsrigen so zugute kommen, als eine Darstellung der Stammbäume der römischen Reichsaristokratie in der Kaiserzeit; so lange eine solche fehlt, kann unsere Untersuchung nur ein Versuch bleiben, der alle Lücken der Quellen wiederspiegelt. Inwiefern manche zur Durchführung des Gedankens nothwendige Hypothesen gerechtfertigt oder gelungen sind oder nicht, wird der Leser selbst beurtheilen.

Juni 1893. E. A. Stückelberg.

Erster Theil.

I. Wirkliche Successions-Anspruchstitel.

1. Verwandtschaften.

Unter den Verwandtschaftsgraden, welche der Nachfolge in der Herrschaft Vorschub leisteten, spielte, wie in allen alten Reichen, das Sohnesverhältnis[1]) die Hauptrolle. War in Rom die anfangs noch bestrittene Erblichkeit[2]) in der höchsten Staatsgewalt einmal zugestanden, so ergab sich für den Herrscher kein natürlicherer Weg, als seinen Sohn zum Nachfolger zu bestellen. Diese Bestellung war in Rom ein Bestandtheil der höchsten Amtsgewalt, die schon der König, der Consul, der Oberpontifex üben konnten.[3]) Daneben stand es den römischen Beamten frei, die Ernennung eines Collegen durch cooptatio[4]) vorzunehmen oder sich Stellvertreter[5]), bzw. Gehilfen[6]), zuzugesellen. Hiedurch ist die in der Kaiserzeit auftauchende Mitregentschaft vorgebildet.

Die Designation oder Vorausbestimmung eines Beamten war ebenfalls schon in der Republik üblich[7]); analog übte sie der Kaiser in Bezeichnung seines Nachfolgers, einer für jedes Regierungssystem empfehlenswerten Handlung[8]), aus.

Einen concurrierenden Verwandtschaftsgrad erhielt aber das Sohnesverhältnis in der in Rom seit langem gebräuchlichen Adoption. Durch diese erhielt der zum Sohne Angenommene alle Rechte eines wirklichen, ehelichen Sohnes: war er älter als der wirkliche Sohn, so gieng er diesem in allem voran; auch die Frau konnte adoptieren, doch hatte diese Handlung weniger Wert.

Diese Wahl eines Sohnes, die Adoption, war eine rein römische Einrichtung und zeigte sich, so lange wirkliche Söhne in dem Kaiserhause existierten, als Feindin des monarchischen Princips; kaum dürfte es eine einzige Fürstenreihe[9]) geben, in

---

[1]) Herzog II, 800.
[2]) Vgl. die senatsfreundlichen Stimmen, T. A. VI, 8—9; XIV, 1; Prob. 11, 3; 21, 5.
[3]) Mommsen, Staatsr. I. 157.
[4]) A. a. O. 161—163.
[5]) A. a. O. 165—181.
[6]) A. a. O. 182—192.
[7]) A. a. O. 476.

[8]) Burckhardt, Constantin 328.
[9]) Abgesehen von Dynastien, bei denen die Nachfolge des Neffen oder Großneffen vorgeschrieben war, wie bei den Patzinachern (Const. Porph. d. admin. imp. 37, 8. 165; auch wo das Los entschied, wie bei den Tartaren (Joinville), war keine Rede von regelmäßiger Succession.

welcher so wenig Herrscher auf Grund des wirklichen Sohnesverhältnisses ihrem Vater nachfolgten, wie in Rom. In den drei ersten Jahrhunderten sind ihrer nur acht: Titus, Domitian, Commodus, Sev. Antoninus, Geta, Gallienus, Carinus und Numerianus. Erst unter der constantinischen und der valentinianisch-theodosischen Dynastie kam das alte orientalisch-griechische Successionsrecht der Söhne zum bleibenden Durchbruch in der Praxis.

Der Adoption verdanken hingegen eine Menge von Imperatoren ihre Erhebung; theoretisch gab dieselbe allein schon die Rechte des Sohnes, also die Erbfolge. In der Praxis aber zeigt sich, dass beinahe alle durch Adoption erhobene Caesaren und Augusti bereits vorher mit dem Kaiser verwandt waren; dies gilt von allen Juliern und Claudiern, von Galba Piso, von den präsumtiven Nachfolgern Domitians, von Hadrian, Marcus, Lucius und Severus Alexander. Dasselbe zeigt sich im diocletianischen System, in welchem die Verwandtschaft concurrirend mit der Adoption auftritt.

Neben dem Sohnes- und Adoptivverhältnisse aber treten alle denkbaren Grade der Verwandtschaft mit dem Kaiserhause als Anspruchstitel auf. Der Begriff der Verwandtschaft wird bei den Römern ungemein weit gefasst; Stiefgeschwister und Adoptivgeschwister werden gleich wirklichen oder Blutsverwandten betrachtet. Verwandtschaftsverhältnisse, die durch Verlobung oder Vermählung entstanden sind, werden noch nach Lösung jener Verbindung durch gewaltsame Trennung oder Tod als voll angesehen.

Mit der Zeit verschmilzt die alte Aristokratie mit den Kaiserhäusern und diese verbinden sich untereinander; während die neuen Imperatoren sich mit der Rechten an die alten Geschlechter anlehnen, ziehen sie mit der Linken ihre oft obscuren Verwandten aus dem Dunkel. Es bildet sich eine Reichsaristokratie aus vielen Familien, die in irgend einer oft unbedeutenden Beziehung zu einem Kaiserhause gestanden haben.

Als vollzählende und gewichtige Ahnen werden nicht nur Kaiser und Caesaren angesehen, sondern auch deren Schwestern, frühere Gemahlinnen, Töchter, Enkelinnen. Daneben stehen alle Häupter der Spätzeit der Republik in höchstem Ansehen; wir sehen ihre Nachkommen in den höchsten Ehrenstellungen und geehrt durch Allianzen mit dem Kaiserhause.

Will man daher den Zusammenhang zweier oder mehrerer Kaiserhäuser erforschen, so gilt es, die Zwischenglieder ausfindig zu machen, durch welche die Brücke erstellt ist. Diese Bindeglieder sind uns theilweise durch eine sorgfältige Überlieferung, wie die des Tacitus und Sueton bekannt; andere geben durch ihren Namen ihre Herkunft selbst zu erkennen.

Wieder andere müssen erst gesucht werden: da wird man zuerst die höchsten Beamtungen, die Consules ordinarii, durchnehmen. Wo ein Name mit dem des Kaisers oder eines Caesars gruppiert ist, hat die Untersuchung einzusetzen; wo der eine Consul Verwandter des Kaisers ist, wird auch der andere in dessen Nähe zu suchen sein. College[1]) des Kaisers selbst in irgend einer Beamtung, zuvörderst aber im Consulate, zu sein, galt als eine sehr hohe Auszeichnung.

---

[1]) Vgl. die wichtige Stelle bei Tac. A. VI, 8, wo es heißt: „Seian sei nicht mehr Volsinier, sondern Mitglied (pars) des claudischen und julischen Hauses durch Affinitas (als Schwiegersohn des Tiberius), als Consulatscollege des Tiberius".

Wir lassen einige Beispiele für die Besetzung des Consulats mit Paren verschiedener Art folgen:

Kaiser und Caesaren, bezw. Mitkaiser:

18.	Tiberius	Germanicus
21.	Tiberius	Drusus.
72.	⎫	
74.	⎪	
75.	⎪	
76.	⎬ Vespasian	Titus.
77.	⎪	
79.	⎭	
80.	Titus	Domitianus.
98.	Nerva	Traianus.
140.	Pius	Marcus.
145.	"	"
161.	Marcus	Lucius.
194.	Severus	Albinus.
202.	Severus	Sev. Antoninus.
205.	Sev. Antoninus	Geta.
208.	"	"
221.	Ant. (Elag)	Alexander
247 und 248.	Philippus I.	Philippus II.
251.	Decius	Etruscus.
252.	Trebonianus	Volusianus.
254.	⎫	
255.	⎬ Valerian I.	Gallienus.
257.	⎭	
283.	Carus	Carinus.
284.	Carinus	Numerianus.
287.	Diocletianus	Maximianus I.
290.	"	"
293.	"	"
294.	Constantius I.	Maximianus II.
296.	Diocletianus I.	Constantius I. u. s. w.
319.	Constantinus I.	Licinus II.
320.	"	Constantin II.
321.	Crispus Caes.	Constantin II. Caes.

u. s. w.

Kaiser und sonstige Anverwandte.

57.	Nero	L. Piso.
58.	Nero	Val. Messalla.[1]

---

[1] Hiezu bemerkt Tac. A. XIII, 34, dass schon des Nero abavus (Augustus) College des proavus des Messalla (Corvinus) gewesen sei.

83. Domitianus	Q. Petilius Rufus.
82. „	T. Fl. Sabinus.
95. „	T. Fl. Clemens.
176. Lucius	Quadratus.
190. Commodus.	Septimianus.

Zwei kaiserliche Anverwandte.

741. Ti. Claud. Nero	P. Quinctilius Varus
14. Sex. Pompeius.	Sex. Appuleius.
28. Ap. Jun. Silanus	P. Silius Nerva.
32. Camillus Scribonianus	Cn. Domitius.
34. Paullus Fabius Persicus	L. Vitellius.
53. D. Junius.	Q Haterius.
56. Q. Volusius Saturninus	P. Cor. Scipio.
65. Atticus Vestinus.	A. Lic. Silius Nerva.
173. Cn. Claud. Severus.	Ti. Claud. Pompeianus.
203. Fulv. Plautianus	P. Sept. Geta.

Auch in anderen Collegien wurden Verwandte des Kaisers bevorzugt; so setzt Tiberius eine Commission aus lauter Verwandten (vier progeneri: Domitius, Cassius, Vinicius und Rubellius) zusammen (T. A. VI, 45). Dem L. Vitellius wird es als höchste Ehre angerechnet, auf die sein Sohn pocht, dass er College des Kaisers in der Censur gewesen.

Ferner finden wir diese hochstehenden Familien, die zwischen den Linien eines Kaiserhauses das Bindeglied bilden, stets im Collegium der Arvalen. Hier finden wir immer die ganze Verwandtschaft des Kaisers, auch etwa die Nachkommen entthronter Dynastien. Noch heute lässt sich bei einem großen Theile dieser hochadeligen Gesellschaft irgend eine Beziehung zum Kaiserhause eruieren. Es ist nicht Zufall, dass z. B. Salvier, Flavier, Ulpier, Arrier diesem Institute angehören; vielmehr bezeichnet ihr Eintritt die Epoche, wo ihr Geschlecht mit dem regierenden Hause in Berührung kam oder selbst die Herrschaft ergriff.

Weitere sichere Verwandte der Kaiser finden wir in der Reihe der Prätorianer-Präfecten; es seien genannt: Seian, Arrecinus, Clemens Vater und Sohn (Schwiegervater und Schwager des Titus) (T. H. IV, 68). Fulv. Plautianus (Schwiegervater Caracallas). Julius Paulus (Schwiegervater Elagabals). Timesitheus (Schwiegervater Gordians III). (Borgh. I, 251.)

Sucht man nach allen Angehörigen des Kaiserhauses, so hat man sich auch nach pensionierten Personen umzusehen, solche stehen a priori dem Kaiserhause nahe, so z. B. Aurelius Cotta und Haterius Antoninus (T. A. XIII, 34), welche von Nero Jahrgelder seit dem Jahre 58 bezogen.

Ein gewichtiges Symptom für die Verwandtschaft mit dem Kaiserhause ist endlich Verfolgung, Verbannung und Tödtung. Wo diese Anzeichen zusammentreffen mit einem glänzenden Stemma, einem Namen, der einem Kaiser oder einer Kaiserin seinen Ursprung verdankt, da ist Zugehörigkeit zur Dynastie, da ist ein Anspruchstitel vorhanden.

Es ist bekannt, wie furchtbar Livias, des Tiberius, des Caius und Neros Hand hauste, wie Messalinas und Agrippinas Eifersucht die Reihen aller Verwandten, der Prinzen und Prinzessinnen, lichtete. Gerade der Umstand, dass selbst entfernte Verwandte, die man heutzutage gar nicht mehr als solche anerkennt, gefürchtet und verfolgt wurden, beweist, wie weit der Römer den Begriff der Dynastie, der Zugehörigkeit zum Kaiserhause und der daraus sich ergebenden Ansprüche auffasste.

Letzterer Umstand ergibt sich aus dem oben geschilderten Mangel an Thronerben, die auf directem Wege, d. h. als Söhne des Kaisers, die Nachfolge anzutreten hatten. War dieses Princip einmal durchbrochen, folgten Oheime auf Neffen, Cognaten vor Agnaten, warum sollten da nicht auch Schwäger, Schwieger-, Stief- und Bastardsöhne zugreifen? „Je weniger eine Gewalt ihres rechtmäßigen Ursprungs sicher ist, desto unvermeidlicher drängt es sie, allem Legitimen rings um sie den Garaus zu machen".[1]) Waren demnach mehrere Concurrenten mit gleich starken oder gleich schwachen Ansprüchen vorhanden, so blieb dem Sieger, wenn er sich vor Rache schützen wollte, nichts anderes übrig, als die Rivalen zu tödten, denn da, wo man beleidigt hat, muss man vernichten, so verlangt es die consequente Staatsraison.

Es würde zu weit führen, wenn wir alle Familien, deren Zugehörigkeit zum Kaiserhause wir auf diesem Weg gefunden haben und noch finden könnten, genealogisch darstellen wollten. Diese Reichs-Aristokratie, gebildet aus den Überbleibseln der höchsten Geschlechter, läuft gleich einer Hecke, die regelmäßig beschnitten wird, der Reihe der Kaiser entlang. Der beste Beweis für die „Ordnungsliebe" der Kaiser ist, dass während der ganzen Kaiserzeit sich nie ein Prinz, der in directer Linie von einem entthronten Haus abstammte, zum Augustus mehr aufschwang; so gründlich wurde aufgeräumt.

2. Vermählungen.

Für Gründer von Dynastien ist die Wahl der Gattin von höchster Wichtigkeit; sie bedürfen derselben nicht sowohl des Nachwuchses, als vielmehr der Verbindung halber, die ihnen hiedurch mit anderen Mächtigen erstehen.

Im alten Orient haben die Fürsten ihre Gemahlinnen entweder im Hause eines auswärtigen Machthabers gesucht, oder aber, was viel häufiger war, in ihrem eigenen Geschlecht.[2]) Beide Gewohnheiten haben die Diadochen übernommen. Auch bei ihnen scheut sich der König nicht, zur Consolidierung der Dynastie seine nächsten Verwandten, wie Schwestern und Nichten, zu heiraten.[3])

Der Occident nahm es genauer, indem er einige der nächsten Verwandtschaftsgrade, wenn auch sowohl in Athen als Sparta, wie in Rom verschiedene, von der Vermählung ausschloss.

Gleichwohl blühte in Rom schon am Ende der Republik die Inzucht, und sie erhielt durch die Kaiser, welche als Monarchen sich die Rechte der orientalischen

---

[1]) Burckhardt, Const. 329.
[2]) Über die persischen Verwandtenheiraten vgl. Z. D. M. G. XLIII.
[3]) Im alten Ägypten finden wir sogar Vermählungen des Königs mit seiner Tochter und seiner Enkelin. (XXI. Dynastie.)

Fürsten beilegten, neuen Impuls. Wie die Imperatoren beinahe nur Verwandte adoptierten, so heirateten sie nur Frauen aus ihrem Geschlechte. Wo wir genaue Kunde von der Kaisergeschichte haben, finden wir Allianzen unter Verwandten, in einer Dynastie wie in der anderen, so in der julisch-claudischen, wie in der flavischen, antoninischen, constantinischen, valentinianischen u. s. w.

Der Zweck dieser engen Verbindungen aller Linien des Kaiserhauses war, auf ein Haupt oder mehrere den ganzen Nimbus einer erlauchten Ahnenreihe zu sammeln; jeder dieser Ahnen aber bildete für sich allein schon einen Rechtstitel.

Konnte aber ein Kaiser seinen eigenen Stand nicht mehr verbessern, so sorgte er, durch Vermählung mit einer Prinzessin Nachkommen rein kaiserlichen Blutes zu erhalten.

Der Römer besitzt keinen Ausdruck für Prinzessin, wenn wir nicht etwa das erst spät gebräuchliche „nobilissima" so übersetzen wollen. Königstöchter nennt der Römer „reginae" wie die Königinnen selbst; die Töchter eines Kaisers aber waren nicht Kaiserinnen, sondern erhielten nur in seltenen Fällen den Augustatitel; letzterer ward auch den Gemahlinnen, Müttern, Großmüttern, Schwestern und Nichten der Imperatoren hie und da übertragen. Sich mit solchen zu verbinden, war eine Stufe zum Throne; doch ward auch Damen, die diesen Titel nicht besaßen, hoher Wert zur Legitimitätserhöhung beigemessen. Wir sehen, wie Tiberius und Nero Kaisertöchter heirateten, wie Claudius eine Kaiserschwester als Gattin wählt, wie Enkelinnen der Antonine Zugkraft üben und wie viel Wert auf die Enkelin Constantius des Großen gelegt wurde, die von zwei Kaisern zur Consolidierung ihres Thrones gewählt wurde.

Doch alle diese Verbindungen finden sich auch in andern Reichen, auch die altorientalische Sitte, die Witwe des entthronten oder verstorbenen Fürsten heranzuziehen.[1]) Merkwürdiger aber ist, dass auch der Umstand, früherer Gemahl einer Kaiserin gewesen zu sein, Wert hatte und einen gewissen Glanz der Verwandtschaft verlieh.

So wurde der frühere Gemahl der Lollia Paulina, die von Caius geehelicht wurde, durch diese neue Beziehung gewürdigt, an Stelle eines Prinzen (Ti. Caesar, Drusi f. Ti. n.) bei den Arvalen aufgenommen zu werden und starb „fama clarus". (T. A. XIV, 47.)

Macro hegte den Ehrgeiz, seine Gemahlin dem Kaiser Caius abzutreten, doch misslang sein Plan. (T. A. VI, 45.)

Othos glückliche Speculation, die er durch Abtretung der Poppaea machte, ist unten erwähnt. Für Lamia, den ersten Gemahl von Domitians Gattin, ward diese Verwandtschaft todbringend.

---

[1]) Dynastisches Interesse mag auch im Spiel gewesen sein, als Antonius die Geliebte Caesars, Cleopatra, heiratete; dann sei daran erinnert, wie für Claudius eine Allianz mit der Witwe des Caius, für Otho eine solche mit Neros Witwe in Betracht kam. Valentinian I. heiratet des Magnentius Witwe. Valeria zähle ich hier nicht, weil sie mehr als Tochter Diocletians, wie als Witwe des Maximian II. die Nachstellungen Maximians I und des Licinius I. erfuhr. Auch in byzantinischer Zeit war es mehr die Eigenschaft der Kaisertochter, als die der Kaiserinwitwe, welche in die Wagschale fiel und die Ursache zweiter und dritter Ehen wurde.

Wählt der Kaiser eine Gattin, so fällt für solche Candidatinnen günstig ins Gewicht, wenn sie fruchtbar sind und dies schon bewiesen haben; in solchem Falle zögerten weder Augustus, noch Tiberius, noch Claudius und Nero, Frauen zu wählen, die ihnen Stiefkinder zubrachten. Dass das Schicksal der letzteren hiedurch oft besiegelt war, beweisen z. B. Agrippa Caesar und Rufrius Crispinus, die Stiefsöhne des Tiberius und des Nero.

Verbindungen mit auswärtigen Fürstentöchtern kamen zunächst nicht inbetracht, weil diese als Barbarinnen nicht standesgemäß erschienen. Die Beziehungen des Caesar und des Titus zu ausländischen Prinzessinnen waren nicht legitimer Natur, sowenig wie die angeblichen des Gallienus. Eher standen Freigelassene, wie Antoninus Felix, der nacheinander drei Prinzessinnen ausländischer Dynastien (Suet. Cl. 28) zu Gemahlinnen besaß, social auf derselben Höhe, wie fremde Fürsten. Trotzdem plante Sev. Antoninus in Nachahmung des großen Alexander eine Verbindung mit der Tochter des Perser- (bezw. Parther-) Königs. Erst in byzantinischer Zeit (Herzog. S. 530), als der Bann des Weltreiches gebrochen war, kam es vor, dass römische Prinzessinnen an ausländische Fürsten[1] und umgekehrt, Ausländerinnen an römische Prinzen[2] oder Kaiser[3] vermählt wurden.

II. Die Fictionen.

1. Descendenz.

Schon die ältesten Königsgeschlechter des Orients und Griechenlands leiteten ihren Ursprung von Göttern und Heroen ab. Auch hierin ahmten die Römer ihre Vorläufer im Osten nach.

Bekannt ist, dass die Julier von Venus, die Antonier von Anteon, die Pisonen von Numa abzustammen vorgaben. Andere Geschlechter begnügten sich, berühmte Männer und Frauen der sagenhaften Vorzeit als Ahnen aufzuzählen, wieder andere leiteten sich von alten Königsgeschlechtern her.[4] Daneben herrscht in Rom Interesse für Genealogie; jedes Haus beherbergt in einem dazu bestimmten Raume die Bilder der verstorbenen Ahnen, es werden Stammbäume angelegt und Chronisten wie Historiker dienen solchen Tendenzen. Daneben besteht die Sitte, dass das Individuum nicht nur mit seinem eigenen Namen, sondern stets mit Beigabe der Filiation auftritt.

All diese Zustände und Sitten trat das Kaiserreich an und verschmolz sie zu

---

[1] Placidia an Athaulf, Eudoxia an Hunerich, Maria an Petros von Bulgarien, Theophanu an Otto II. von Deutschland, Anna an Wladimir von Russland.

[2] Matasunda an Germanus.

[3] Justinian II. und die Tochter des Chazarenfürsten Constantin V. und Irene aus demselben Reich. Isaak und Aekaterina von Bulgarien u. s. w. Die Kaiser von Trapezunt giengen sogar Verbindungen mit Mohammedanerinnen ein.

[4] „Maecenas atavis edite regibus", „Plancina genere regio". (Grabschrift.) Regalianus, Descendent des Decebalus, Zenobia, Descendentin der Cleopatra.

einem neuen Ganzen. Die Imperatoren erhoben einerseits ihre Ahnen, Eltern oder Vorgänger in der Herrschaft zu den Göttern und gaben sich anderseits in der officiellen Titulatur als deren Söhne aus, beides für die Legalfiction sehr wichtige Acte.

Die Consecration der Verstorbenen hat zur Folge, dass diesen dieselben Ehren wie Göttern erwiesen worden; sie erhalten Tempel, Statuen, Priester. Der Kaiser erhebt somit sich selbst, wenn er seinen Vater zum Divus erhebt; er wird eines Gottes Sohn, gottähnlich.[1]) Deshalb umgibt der Kaiser seine Person rings mit Divi[2]); bald ist es der Vater, der Adoptivvater oder beide[3]), die Mutter, die Großmutter, die Schwester, der Schwager, die Gemahlin, die Nichte oder der Sohn, den er consecriert.

Die eigentliche Legalfiction beginnt indes erst da, wo eine Person unter falschem Namen oder Titel auftritt, d. h. Eigenschaften sich fälschlich beilegt, die zum Thron berechtigen. Auch hierin hatte der Orient schon das Beispiel gegeben: in Persien hatten sich nach dem Tode des Kambyses eine ganze Reihe Usurpatoren erhoben, welche jeweilen unter dem in einer älteren Dynastie üblichen Namen auftraten.

Im römischen Kaiserreiche finden wir einen falschen Agrippa (16) (Dio 57. 16), einen angeblichen Drusus (31: T. A. V, 10; 34 Dio 58. 25); ferner trat ein falscher Scribonianus (69) und zwei Prätendenten unter Neros Namen auf. (T. H. I. 2; Suet. Nero 57; Aubé. Hist. des persécutions I, 119–120; T. H. II, 8. 9.) Alle diese aber hatten keinen dauernden Erfolg; der Kaiser Severus verfiel daher auf einen andern Gedanken: er gab sich, ohne den bestimmten Namen eines verstorbenen Prinzen anzunehmen, als Descendent der alten Dynastie aus. Dieses Vorgehen entspricht somit eher der Fiction des Gründers eines Diadochenstaates, der als König von Ägypten sich als Sprössling aus ägyptischem und macedonischem Stamm ausgab.

Severus nimmt die ganze Filiation der Antonine an und stellt sich als Sohn des Marcus und Bruder des Commodus und der Marcustöchter dar. Dann gibt Severus seinem Sohne den Namen des angeblichen Großvaters und der Riss der Neuerung ist verdeckt.

Des Severus Söhne setzen diese Legalfiction fort und führen, wie der Vater, ihre Filiation bis auf Nerva zurück. Elagabalus und Sev. Alexander beschränken sich darauf, als Söhne des Magnus Antoninus aufzutreten, indes ohne die Consequenz der ganzen Filiation desselben zu ziehen.

Die folgenden Imperatoren begnügen sich mit ihren verwandtschaftlichen Beziehungen oder mit angemaßten Thronnamen, wovon unten Näheres.

Erst am Ende des dritten Jahrhunderts tritt die Legalfiction wieder auf; Herculeus nennt sich frater Diocletiani Aug. (W. 739) und der Usurpator Carausius[4])

---

[1]) „Dis animo voltuque compar." Eph II, 1057. die Dei Caesares lc. IV, 691; die domus divina, die numina augg lc. III, 117; das numen domus augustae lc. IV, 760, bezeichnen alle diese Erhöhung.

[2]) Vgl. über die Divi: Beurlier E., Le culte impérial, son histoire et son organisation depuis Auguste jusqu'à Justinien. Paris 1891. Mowat, La Domus divina G Hirschfeld, Zur Geschichte des Kaisercultes 1888.

[3]) Traian consecriert sowohl seinen wirklichen Vater Traianus, als den Adoptivvater Nerva.

[4]) Cohen-Feuardent VII, S. 43.

bezeichnet beide wiederum als seine fratres. Indes ist kaum anzunehmen, dass diese Imperatoren es auf einen Betrug abgesehen hatten, vielmehr scheint mir hier der Ausdruck „Frater" den Sinn von „College" zu haben.

2. Der Thronname.

In allen civilisierten Monarchien verkörperte sich ein Regierungssystem unter gewissen Namen; dieser ist in der Regel derjenige des Gründers der Dynastie oder der Monarchie. Um die politische Erbschaft eines solchen anzutreten und sich als den wahren Nachfolger darzustellen, bedurfte es auch eines äußerlichen Merkmales, das die Continuität, die auf jede Weise sollte kundgegeben werden, in die Augen springen ließ. Nichts war daher einfacher, als den bewährten und bekannten Namen des abgegangenen Monarchen ganz oder theilweise anzunehmen.

Dieses geschah seit den ältesten Zeiten in Ägypten, dann in besonders prägnanter Weise bei den Arsakiden in Parthien, den Philhetairi in Pergamon, den Seleukiden in Syrien. Bei den letzteren wie bei den Ptolemäern hatten die Römer Gelegenheit, dieses System kennen zu lernen. Speciell die aus der Namensgleichheit folgende Nothwendigkeit, die Fürsten durch andere Titel zu unterscheiden — es sind dies die unten näher zu bezeichnenden Ehrentitel — gieng aus dem Orient hervor.

In Rom ist es der Name des Gründers des Principats, Caesars, welcher auf alle seine Nachfolger übergieng; dazu gesellen sich die Amtstitel, die Augustus sich beilegte. Wir gehen hier nicht näher auf diese bereits von Mommsen eingehend behandelten Titulaturen ein, betrachten aber statt dessen einige in der Wahl des Thronnamens herrschende Tendenzen.

Die ersten drei Kaiser: Augustus, Tiberius und Caius erbten kraft der Adoption Caesars Namen; sie wurden zugleich Julier. Anders steht es seit Claudius; dieser und seine sämmtlichen Nachfolger nehmen den Titel Caesar an, ohne ihren Geschlechtsnamen zu verändern. Gleichwohl herrscht die Tendenz, dem Kaisernamen so wenig wie möglich neue Namen einzuverleiben.

Tiberius und Caius unterscheiden sich nur durch ihren Vornamen von Augustus. Bei Claudius ist nur der Gentilname, bei Nero nur der Vorname in der Kaisertitulatur neu.

Bei Galba sind ausnahmsweise drei, bei Otho und Vitellius zwei neue Bestandtheile im Namen. Von Vespasian bis Hadrian stets nur ein Theil, später zwei und mehr. Dieser Vorgang zeigt sehr deutlich, wie die Imperatoren bestrebt waren, den Übergang von einer Regierung zur andern, von einer Dynastie zur andern so unmerklich wie möglich zu machen.

Daneben aber führt die Annahme des Thronnamens beinahe nie zur vollständigen Verlengnung des Privatnamens; die Bassiane dürften in dieser Beziehung allein stehen.

Änderungen des Thronnamens kommen hie und da vor: ich nenne Nero (Ti. Claudius Nero oder Nero Claudius), ferner Commodus (L. Aelius Aurelius Commodus) (178—180), M. Commodus Antoninus (181—182), M. Aurelius Commodus Antoninus (183—191), L. Aelius Aurelius Commodus (191—192) (Schiller, R. K. G. I, 661, A. 2), welcher seinen Namen bald nach seinem Vater Marcus, bald nach seinem

Oheim Lucius bildet. Dann Geta, der die Anknüpfungen seines Vaters an P. Pertinax und L. Commodus in seinen wechselnden Vornamen repräsentiert.¹)

Die zutreffendsten Titulaturen ergeben zuweilen die Reichsmünzen, weil sie rein officiellen Ursprungs sind. In zweiter Linie, completierend, treten die Inschriften hinzu, während die Münzen provincialen Gepräges oft, wie bei Galba, Privatnamen — solches vermuthen wir z. B. auch bei Macrianus und Quietus — angaben. Hier seien kurz die Imperatoren zusammengestellt, welche den Titel M. Aurelius im Thronnamen führen.

Zunächst sämmtliche Antonine und Bassiane; ferner: Marius, Claudius II., Quintillus, Vhabalathus Probus, Carus, Carinus, Numerianus, Julianus II.²), Carausius, Diocletianus, Maximianus I. und Maxentius.

Mit dem diocletianischen Systeme taucht auch ein neuer Name auf, der während der Dauer desselben allgemein herrscht: es ist der Name Valerius, zuerst vorkommend in den Titulaturen Diocletians.

Nach ihm heißen:
Maximianus I.,
Constantius I.,
Maximianus II.,
Severus II.,
Maximinus II.,
Maxentius,
Licinius I.,
Licinius II. und
Constantinus I.

Mit der Alleinherrschaft des letztgenannten Kaisers verschwindet dieser Name und macht dem Titel Flavius Platz.³) Dieser letztere geht gleich den Namen Crispus, Claudius und Eutropius als Ahnenname in die Familie Constantins über. Nach dem Aussterben dieser letzteren wird er ein regelmäßiger Bestandtheil der Kaisertitulatur, und von dieser geht er in den Namen von Barbarenfürsten über, von diesen wiederum in die Bezeichnung von Städten⁴), wo „flavia" beinahe äquivalent mit „regia" wird.

Neben diesen Vorgängen zeigt sich die Erscheinung, daß die Imperatoren anfangs unter möglichst vollständigem und langem Namen auftreten; im Laufe einer langen Regierung aber beschränken sie ihren nunmehr bekannten Namen auf möglichste Kürze. So schreiben sich auf den Münzen Severus I. anfangs: L. Sept. Pert., später nur Severus Pius; Sev. Antoninus anfangs stets: M. Aurel. Antoninus, später Antoninus Pius; Elagabal desgleichen. Alexander heißt anfangs: M. Aur. Sev. Alexander, später nur noch Alexander Pius; analog Gordian III. u. a. Bei

---

¹) Auch Private, wie Antonius, Enkel der Octavia, und Cn. Piso, Sohn des Mörders des Germanicus, sowie der Garde-Präfect Plautian änderu ihre Vornamen. (T. A. III, 17.)
²) Des Numerian Privatname dürfte Numerius, der des Julianus nach Ekg. IV, 601, Sabinus gelautet haben.
³) Stückelberg, D. Const. Patriciat, S. 22.
⁴) Engel-Serrure, Traité de Numismatique I, 1891, S 34—35.

Imperatoren, welche kurz regiert haben, zeigen die Münzen deshalb meist vollständige Titulatur, wie solche am Anfang einer Regierung üblich war.

Ferner zeigt sich häufig, dass der Thronfolger Namen führt, die sein Adoptivvater nur als Privatmann trug: so heißt Aelius und Pius nach Hadrians privatem Gentilnamen, Marcus nach dem des Pius. Ähnlich steht es mit einigen in die Kaisertitulatur neu eingeführten Namen. Diese waren in der That nicht neu, d. h. sie entsprachen den Privatnamen früherer Kaiser: Caius ist der Name des Dictators und des jüngeren Caesar; Claudius und Nero sind Privatnamen des Tiberius gewesen. Auch der Titel Germanicus, den Caius trägt, ist nicht neu: er soll vielmehr an den Caesar dieses Namens erinnern; im Interesse der Continuität übernehmen ihn dann Claudius, Nero und Vitellius. Der ersten hier genannten Classe gehört auch der Flaviername an, der ursprünglich Privatname des Kaisers Claudius II, seit Constantin aber Bestandtheil der officiellen Kaisertitulatur geworden ist.

Fictive Bestandtheile des Thronnamens finden sich seit der Filiationstäuschung des Severus häufig, auch ohne eine damit ausgesprochene Fiction der Descendenz. Es scheint, dass die Unterschiebungen ersterer Art zu durchsichtig und zu wenig glaubhaft waren, denn die Imperatoren des dritten Jahrhunderts unterließen, wie es scheint, seit Severus Alexander solche directe genealogische Lügen; vielmehr beschränkten sich die folgenden Kaiser darauf, auf die Dynastie im allgemeinen hinzuweisen, und dies geschah vielfach durch die Annahme des Titels M. Aurelius.

Wir wollen nun nicht behaupten, dieser Titel sei nicht bei einigen Kaisern schon Bestandtheil des Privatnamens gewesen, oder auch in diesem Falle geschah es mit Absicht, dass er gebraucht und vorausgeschickt wurde. Denn wenn es auch viele M. Aurelii im dritten Jahrhundert gab, so besaßen doch die meisten derselben noch eine Reihe anderer Namen dazu, wie denn lange Namenreihen seit dem zweiten Jahrhundert üblich waren, seit welchem man aus dem Namen ein eigentliches Stammregister machte (vgl. die Privatnamen des Pius!).

Um diese Thronnamen erklären zu können, haben wir im Kaiserverzeichnis dieselben vollständig angeführt; es schien dies für die spätere Zeit umso nothwendiger, als Borghesis Liste (I, 488 ff.) sich nur von Lucius bis Saloninus erstreckt und theilweise auf unzuverlässigen Belegen (Münzen nach Sestini) beruht; seine Angaben betreffend die Thronnamen Getas und Elagabals treffen ebenfalls nicht die officielle Schreibweise. Unsere unten angegebenen Namen sind so vollständig wie möglich; sie beruhen sowohl auf Inschriften wie auf Reichs- und Provinzialmünzen.

Einen Bestandtheil der Titulatur[1]) bildet auch die Filiation, deren oben gedacht worden ist. Bei den Diadochenfürsten spielte sie keine große Rolle (einzelne Beispiele bei Imhoof, Porträtköpfe auf griechischen Münzen, S. 33, 36, 38, 65, 67); doch kam sie früher schon da und dort vor („Sohn Amris" bei den Israeliten); auch die Titulatur des Mittelalters und der Renaissance kennt Ähnliches.[2]) In Rom

---

[1]) Imp. Caes. Aug. P. M. tr. p. sind die βασιλικαί, die Filiationstitel sind die πατρῷαι προσηγορίαι, vgl. Herodian (Bekker) I, 15, 9.

[2]) Vgl. Die Dedication der Werke des Petrus Ricordatus und des Lignum vitae Arnoldi Wion als Analogon der Renaissance: „Philippo II, Amicio, Prolo, Olybrio Perleonio, Frangipanio, Habsburgio, Austrio, Hispaniarum, regi Catholico et Invictissimo".

bildete die Filiation nur einen integrierenden Bestandtheil des Titels von Augustus an bis Alexander, und abermals in der gordianischen, valerianischen und diocletianisch-constantinischen Dynastie, d. h. unter allen Imperatoren, welche auf directe Descendenz von einer Person, die den Purpur getragen hatte, pochen konnten.

3. Fictive Chronologie.

„Die Länge der Zeit einer fortgesetzten Herrschaft lässt die Veranlassung der Neuerung und diese selbst vergessen", so spricht sich Machiavelli (Princ. 1), der seine Theorien nicht nur mit Consequenzen, gezogen aus der Geschichte der eigenen Zeit, sondern vielfach auch da wo er es nicht ausdrücklich beifügt, mit Beispielen aus dem Alterthum belegt.[1]

Zählungen fictiver Regierungsjahre waren schon im semitischen Orient, wie auch in Ägypten üblich, wo sie die moderne Geschichtsforschung lange Zeit irre geführt haben, bis die neueren Forscher die Unterscheidung zwischen Jahren der Alleinherrschaft und Mitregentschaftsdaten consequent durchführten und die fünf Jahrtausende der ägyptischen Königsreihe bedeutend herabminderten.

Die Römer als Erben der Diadochen übernahmen auch in dieser Beziehung deren Praxis, übten sie aber nicht immer und anfangs nur in der Provinz.

So erlaubte sich Antonius, wie ein im Purpur geborener Fürst, in Lyon Münzen zu schlagen (Cohen 1, S. 51), deren Datum sein Altersjahr bezeichneten, statt des Jahres des Triumvirats. Augustus beging eine Täuschung, indem er in Ägypten vom Tode Caesars an seine Herrschaft datieren ließ, statt die Eroberung Ägyptens zum Ausgangspunkte seiner Ära zu wählen.

In Ägypten herrschte ferner der Brauch, dass das Königs-, bezw. Kaiserjahr nicht von dem Regierungsantritt des Kaisers, sondern vom 29. August an gezählt wurde; so kam es, dass ein Herrscher, der z. B. vom 28. August an ein paar Tage oder ein paar Wochen regierte, von zwei Jahren seiner Herrschaft reden konnte und demnach datierte; regierte er zwei Tage mehr als ein Jahr $(1 + 365 + 1)$, so fiel der letzte Tag bereits ins Jahr 3 seiner Herrschaft.

Vespasian ließ sich sodann die tribunicia potestas mit rückwirkender Kraft übertragen, und zwar so, dass sie vor Ablauf eines Kalenderjahres erneuert wurde[2]; ein fictives Tribunatsjahr (das erste seit Nov. 97) ist auch für Traian wahrscheinlich gemacht worden.[3]

Commodus[4] setzt in Ägypten einfach die Ära seines Vaters fort und kommt so auf 33 Regierungsjahre, während er als Inhaber der tr. p. nur 18, als Alleinherrscher nur 14 Jahre zählen konnte. Commodus lebte 33 Jahre (geb. 160, † 193), so dass man versucht sein könnte, sein ägyptisches Jahr „33" auf sein Lebensalter zu beziehen, wie bei Antonius Triumvir. Sev. Antoninus ahmt das Beispiel seines

---

[1] Es mag ihm die Stelle des Tacitus (H. II, 76) vorgeschwebt haben, wo von der Ehrfurcht die Rede ist, welche „Cai aut Claudii vel Neronis fundata longo imperio domus" einflößte.
[2] Vgl. S. Stobbe, Die Tribunenjahre der röm. Kaiser. Philologus XXXII, 48 ff — Cagnat R., Chronologie de l'Empire Romain. Paris 1891.
[3] Stobbe, a. a. O., S. 36.
[4] Auch er zählt vielleicht ein fictives Tribunatsjahr, a. a. O., 47.

vorgeblieben Oheims nach, er prägt in Ägypten Münzen mit den Daten *KA, KB, KΓ*, also 21—23; auch hier werden Jahre des Vaters gezählt, und weder Geburt, noch Caesartitel, noch Mitregentschaft scheinen als Ausgangspunkt der Ära möglich.

Philippus, der Sohn, zählt entweder nach Jahren des Vaters[34]) oder nach Jahren seiner Caesarwürde.[35]) Dann kommt Vhabalath, welcher als Rex und später als Augustus nach Jahren seines palmyrenischen Königthums zählt; auf diese Weise ist bei ihm von fünf Regierungsjahren die Rede, während er als Rex nur etwa ein Jahr, als Augustus nur etwa einen Sommermonat Ägypten beherrschte.

Fictive Zählungen sind auch bei Maximinus I., welcher V Tribunatsjahre angibt; ferner bei den Deciern und den Galli anzunehmen. Letztere zählen vier Tribunatjahre, während sie in Viminacium nur während der Viminac.-Jahre XII, XIII und XIV, in Dacia nur während zweier Jahre, V und VI, dacischer Ära, Münzen prägten; in Ägypten beginnen sie ihre Zählung gar erst mit *Γ*, ihrem angeblichen dritten Jahr, das auch das letzte ihrer Herrschaft in diesem Lande blieb.

---

[34]) Mommsen, Eph. ep. IV, 182.

Zweiter Theil.

Cn. Pompeius Magnus cos. III.

Verbindung mit Sulla Dictator.

Magnus vermählt seine Tochter mit Sullas Sohn.

```
                            Cn. Strabo.
      Sulla Dict.         Magnus.      Pompeia.
  Fausta.   Faustus Sulla. = Pompeia.  G. L. Memmius.
  G. C. Memmius.
```

Mit den Memmiern. (Mommsen, G. des röm. Münzwesens, S. 597.)

```
              L. Memmius.
        L. Memmius      C. Memmius.
        G. Pompeia.     G. Fausta.
```

D. h. des Magnus Schwester ist mit L. Memmius, die Schwester von Magnus' Schwiegersohn mit C. Memmius vermählt.

Mit Cinna cos IV.

Magnus vermählt seine Tochter mit Cinnas Sohn.

Mit Caesar (Dict.).

Magnus heiratet Caesars Tochter.

Mit Crassus.

Magnus heiratet des Crassus verwitwete Schwiegertochter.

C. Caesar Dictator.

Verbindung mit Marius cos VII; (Suet. D. Jul. 6.)

```
              C. Caesar.
        C. Caesar.       Julia.
        C. Caesar.       G. C. Marius.
        Dict. perp.
```

Caesar ist somit Neffe des Marius.

Mit Sulla Dict. perp. (Suet. D. Jul. 6.)

```
              Sulla Dict.
            ─────────────
              Cornelia.
         G. Q. Pompeius Rufus.
         ──────────────────
              Pompeia.
         G. Caesar Dict.
```

Cäsar heiratet eine Enkelin Sullas.

Mit Cinna cos IV u. Cn. Magnus. (Suet. D. Jul. 1.)

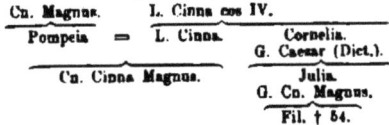

```
   Cn. Magnus.      L. Cinna cos IV.
   ──────────    ──────────────────
   Pompeia  =  L. Cinna.    Cornelia.
                          G. Caesar (Dict.).
   ─────────────────    ────────────────
   Cn. Cinna Magnus.       Julia.
                       G. Cn. Magnus.
                       ──────────────
                          Fil. † 54.
```

Caesar heiratet Cinnas Tochter; deren Bruder ist des Magnus Schwiegersohn. (Suet. D. Jul. 26 u. Vell. II, 47.)
Magnus wird Caesars Schwiegersohn.

M. Lepidus III. vir.

Verbindungen mit Cato, Brutus und Cassius.

```
                    M. Livius Drusus (cos 112).
                  ─────────────────────────
                    G. 1 M. Porcius Cato.
                      2. Q. Servilius Caepio.
   ─────────────────────         ──────────────────────
            1.                              2.
     M. Cato Uticensis.                 Servilia.
            |                      G. 1. M. Brutus.
                                      2. D. Jun. Jilanus.
   ──────    ─────────────────    ──────────    ──────────────
                      1.              2.              2.
    Porcia.  =  M. Brutus imp.      Junia.         Junia Tertia.
                              G. M. Lepidus III. vir.  G. C. Cassius imp.
```

Lepidus ist somit mit einer Nichte des Cato, mit der Schwester des Brutus und der Gemahlin des Cassius, vermählt.

Mit Sextus Magnus.

Mit Antonius III. vir.

Mit Caesar III. vir.

M. Antonius III. vir.

Mit Clodius.

Antonius heiratet die Witwe des Clodius.

Mit Caesar III. vir.

Antonius heiratet des Caesar Schwester, eine Großnichte des Dictators.

Mit Caesar Dict.

Antonius heiratet Cleopatra, die Geliebte des Dictators, und wird Stiefvater von deren Sohn Caesarion.

Mit Lepidus III. vir.

Antonius vermählt seine Tochter mit dem Sohne des Lepidus.

Mit Caesar III. vir.

Antonius verlobt seinen Sohn mit Caesars Tochter.

Caesar Augustus.[1]

Verbindungen mit dem Dictator Caesar: Großneffe und Adoptivsohn: Divi filius.

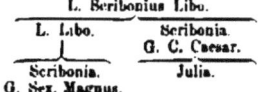

Mit Cn. Magnus.

Des Caesar Aug. Großvater war ein naher Verwandter des Cn. Magnus ("a matre Magnum Pompeium artissime contingebat"); außerdem war Caesars Mutter eine Base von des Magnus Gemahlin Julia. (S. Tafel.) (Suet. Aug. 4.)

Mit P. Clodius.

Caesar heiratet des Clodius Tochter; die beiden Basen derselben waren an Cn. Magnus den Jüngeren und an M. Brutus vermählt. (Plut. Ant. 20).

Mit Sex. Magnus.

Des Sextus Gemahlin war die Nichte von Caesars Frau Scribonia. (Momms. Eph. ep. I, 146.)

Mit dem Hause des Lepidus III. vir.

Caesar vermählt seine Stieftochter mit Lepidus' Neffen; dem Sohn dieses Pares gibt er seine Enkelin zur Gemahlin; die Tochter verlobt er mit seinem Adoptivsohn (L. Caesar).

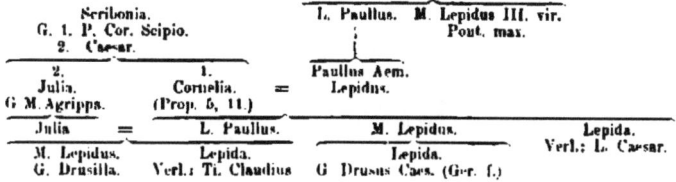

[1] Für die Genealogie Augustus' und der übrigen Julier und Claudier vergl. die drei ausführlichen Stammtafeln der Antonii, Julii und Vipsanii im Anhange.

Mit Antonius III. vir und dessen Haus.

a) Des Caesar Gemahlin Clodia ist eine Stieftochter des Antonius durch Fulvia.
b) Caesar vermählt seine Nichte und verlobt seine Tochter mit zwei Söhnen des Antonius und der Fulvia.
c) Des Caesar Schwester Octavia wird Gemahlin des Antonius; deren gemeinsame Tochter vermählt Augustus mit seinem Stiefsohn Nero Drusus.
Von letzterem Paar stammen die Kaiser Caius, Claudius und Nero.

Mit den Claudiern und Liviern.

Caesar heiratet die Livia; bei ihrem Tode nennt sie Tac. A. V. 1:
„per Claudiam familiam et adoptione Liviorum Juliorumque clarissima".

Tiberius.

1. Wird Stiefsohn des Augustus.
2. Heiratet eine Tochter von Augusts Schwiegersohn (Vipsania Agrippina).
3. Wird Schwiegersohn des Kaisers (durch Julia).
4. Adoptivsohn des Kaisers, und dadurch Enkel des Divus Julius.

In diesen Eigenschaften steht Tiberius dem Throne am nächsten und seine Nachfolge ist nicht nur natürlich, sondern selbstverständlich.

Der einzige Concurrent des Tiberius war Agrippa Caesar; dieser aber ist jünger als Tiberius, allerdings früher von Augustus adoptiert. Bei der Adoption aber gibt das Lebensalter und nicht die Ancienneität den Ausschlag. Tiberius ist außerdem durch die Vermählung mit Julia der Stiefvater des Agrippa C. geworden, und als er ihn aus dem Wege räumte, geschah dies wahrscheinlich mehr aus dem Grunde, seinem Sohne Drusus die Nachfolge zu sichern, als um die eigene Succession, die durchaus legitim war, von einem Nebenbuhler zu befreien.

M. Agrippa.	Julia.
G. 1. Pomponia.	G. 1. Agrippa.
2. Julia.	2. Tiberius.
1. Vips. Agrippina. 2. Agrippa Caesar.	1. Agrippa Caesar.
G. 1. Tiberius.	
Drusus.	

Caius.

1. Großenkel des Augustus und der Livia („Divi Aug. pronepos"). (T. A. V. 1; Cohen n. 2, 3, 5, 10 cet.)
2. Großenkel der Octavia und des Antonius.
3. Enkel des Agrippa. („M. Agrippae Nepos".) (Cohen n. 31.)
4. Sohn des Germanicus Caesar. (Germanici f., Cohen n. 31.)
5. Großneffe des Kaisers Tiberius.
6. Durch die Adoption des Germanicus war Caius Enkel des Kaisers Tiberius geworden (Tiberii Nepos, Cohen p. 245); selbst vom Kaiser adoptiert ward er:
Sohn des K. Tiberius,
Enkel des K. Augustus,
Großenkel des Divus Julius.

Caius nimmt officiell aber nur die beiden letzteren Titel in Anspruch und nennt sich mit Übergehung der Adoption durch Tiberius:
Germanici Caesaris f.,
Ti. Aug. n.,
Divi Aug. pron.,
Divi Juli abn.

Vermählungen:
Die erste Gemahlin (T. A. VI, 20) des Caius ist aus dem Hause der Silani, welches mit dem Kaiserhause in verschiedenen Verbindungen steht. (Vgl. Borghesi, Oeuvres V; Mommsen, Eph. Ep. 1872, S. 65.)

Des Caius zweite Gemahlin ist eine Livia, deren Verwandtschaftsgrad zu der Kaiserin Livia nicht bekannt, wohl aber wahrscheinlich ist.

Die dritte Gemahlin des Caius scheint, ihrem Cognomen Paulina nach, von den Aemilii Paulli, die zum Kaiserhause gehörten, abzustammen. Erst hiedurch wird ihre Ehe mit Caius, sowie ihre geplante Verbindung mit Kaiser Claudius erklärlich. (Tac. A. XII, 1.)

Die vierte ist verwandt mit Cn. Dom. Corbulo, über welchen S. 30 zu vgl.

Claudius I.

Enkel der Octavia und des Antonius.
Enkel der Livia (Julia Augusta).
Großneffe des Divus Augustus.
Sohn der Antonia Augusta und des Nero Drusus. (CIL Rom. 915, 916; W. 895.)
Neffe des Ti. Augustus und Bruder von dessen Adoptivsohn.

War verlobt:
1. Mit einer Großenkelin des Divus Augustus (Aemilia Lepida, Borgh. III. 245).
2. Mit einer Verwandten der Livia (Livia Medullina Camilla). Der Vater dieser Prinzessin heißt Scribonianus, hängt also mit Livias' Stiefbruder und jedenfalls mit den dem Julischen Hause verwandten Scribonii zusammen.

Vermählt sich:
1. Mit einer dem augustischen Hause bereits verwandten Dame (Plautia Urgulanilla), der Enkelin von Livias' Freundin Urgulania. (T. A. II. 34.) Der Bruder dieser Plautia war der Neffe von Augusts Nichte Marcia geworden.
2. Mit einer Aelierin (Aelia Paetina); da alle übrigen geplanten und zustande gekommenen Verbindungen des Claudius an verwandte Geschlechter anknüpfen, so wird solches auch für Aelia anzunehmen sein. Sie dürfte daher als eine Verwandte des mit dem Kaiserhause bereits anderweitig verschwägerten L. Aelius Sejanus anzusehen sein, dessen Tochter mit dem Sohn des Claudius aus erster Ehe verlobt worden war.
3. Mit einer Großenkelin der Octavia und des Antonius (Valeria Messalina). (T. A. XII.) Die Tochter aus dieser Ehe, anfangs Claudia (Descr. des iles de Patmos et de Samos, p. 215) geheißen, wurde, wohl weil sie auf doppelte Weise von

Octavia abstammte, nach dieser genannt (Κλαύθιος την θυγατέρα εἰς ἰττρόν τι γένος ἐκποιήσας Dio 60, 33).
Eine Vermählung wurde geplant:
4. Mit der Witwe des Kaisers Caius (Lollia Paulina). (T. A. XII, 1.)
   Vermählt sich:
5. Mit der Schwester des Kaisers Caius (T. A. XII, 42), einer Enkelin des Kaisers Tiberius und Großenkelin der Octavia, d. h. einer Julierin. (Julia Aug. Agrippina Germanici Caesaris f.; W. 319.)

Claudius nimmt, ohne sein Gentile zu ändern, das Cognomen Caesar an; seine Söhne heißen daher nicht Julii, sondern Claudii (Ti. Claudius Caesar Britannicus, Ti. Claudius Nero Caesar). (Coh. S. 169—170; W. 901.)

Stammtafel der Plautia Urgulanilla:

```
                A. Plautius.
                G. Urgulania.
    ─────────────────────────────────────
    M. Plautius Silvanus, Consulatscollege des Augustus.
    ─────────────────────────────────────
    Plautia Urgulanilla.      M. Plautius Silvanus.
    G. Ti. Claudius.          G. 1. Fabia Numantina.
    ──────────────            2. Apronia.
    Drusus.    Claudia.
    Vorl.: Aelia.
```

Verbindungen der Plautii mit dem Kaiserhause:

```
                        Atia.
                    G. 1. Octavius.
                    2. L. Marcius Philippus.
  ─────────────────────────────────────────────────────────
  Octavia.       Augustus.    Philippus.      Q. Fabius.
  Antonia.       Julia.       Marcia = Paulus Fabius Africanus F.
                 Marcella.                    Fabius Persicus.
                 Appuleius.                   Fabia Numantina.
  Germ.  Ti. Claudius.  G. Fabia             G. 1. M. Plautius.
    |    G. Urgulanilla. Numantina.          2. Appuleius.
  Caius. Drusus Claudia.
```

Geschwister.

Nero.

Ururenkel des Divus Augustus. (Divi Aug. abnepos W. 753, 903, 904, 2870.)
Urenkel der Octavia und des Antonius.
Großenkel des Ti. Augustus. (Ti. Caes. pron. W. lc.)
Enkel des Germanicus Caesar. (Germanici Caesaris nepos W. lc.)
Neffe des Kaisers Caius.
Vetter der dritten Gemahlin des Kaisers Claudius.
Sohn der vierten Gemahlin desselben Kaisers.
Adoptivsohn des Kaisers Claudius. (Divi Claudii filius, W. 902—904.)
   Vermählt:
1. Mit einer Tochter des Kaisers Claudius (Octavia). (T. A. XII. 58.)

2. Mit einer Stiefbase des Kaisers Caius und der Kaiserin Agrippina (Poppaea)[1]). (Vgl. unten S. 27.) Nero ernennt diese zweite Gemahlin sammt ihrer Tochter zu Augustae. (T. A. XV, 23.)

Plant eine Vermählung:

3. Mit der zweiten Tochter des Kaisers Claudius (Antonia). (Suet., Nero 35.)

Vermählt:

4. Mit einer Urenkelin der Octavia, seiner Base. (Stat. Messalina.)

Nero ist auch als Domitier schon vielfach mit dem julisch-claudischen Haus verwandt. Der Bruder seines Urahns war Schwager des Dictators Caesar; Neros Großvater war mit einer Nichte des Augustus vermählt. Die Mutter Neros stammt von Augustus, von Livia, von Agrippa und Germanicus ab, während seine Tante mit einem Enkel der Octavia verheiratet ist. Aus letzterer Ehe stammt die Kaiserin Messalina, die Gemahlin des Claudius. Indem Nero die Tochter dieses Paares heiratet, vermählt er sich zugleich mit seiner blutsverwandten Base.

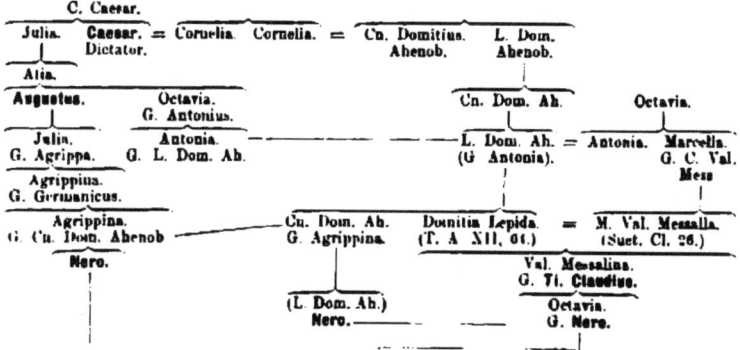

Die gemeinsame Descendenz Neros und seiner letzten Gemahlin von Octavia und die doppelten Verwandtschaftsverhältnisse der beiden untereinander erhellen aus folgendem Schema:

---

[1]) Poppaea ist die Stieftochter des P. Cor. Scipio; dieser ist ein Enkel der Scribonia und Vetter der Agrippina des Germanicus. Die Scipionen ihrerseits werden zugleich mit den Silani und Cassii, die dem Kaiserhaus eng verwandt waren, als sehr hochstehend genannt. (T. A. VI, 2.) Sobald Poppaea zu dieser hohen Verwandtschaft gelangt, löst sie ihre erste obscure Ehe, und gibt sich dem bereits mit dem Kaiserhaus verschwägerten und befreundeten Otho hin, durch den sie in den Besitz Neros gelangt.

	Octavia.	
	G. 1. Marcellus. 2. Antonius. (Borghesi III, 322.)	
1.	2.	2.
Marcella.	Antonia.	Antonia.
G. C. Val. Messalla Corvinus.[1])	G. L. Ahenobarbus.	G. Nero Drusus.
Messalina.	Cn. Ahenobarbus.	Germanicus.
G. T. Statil Taurus.	G. Agrippina.	
Statilius Corvinus.		Agrippina.
(Suet. Cl. 13.)		
Statilia Messalina.		— Nero.

Galba.

Galbas Mutter ist eine Enkelin des Catulus und Großenkelin des Mummius (Suet. Galba 3); sein Bruder (cos. 22) war College des D. Haterius Agrippa, eines Descendenten der Octavia. (Tac. A. III, 52.)[2])

Eine Verwandte der Kaiserin Livia ward Galbas Stiefmutter und adoptierte ihn, daher sein Name L. Livius. (Suet. Galb. 4; CIG 4957.)

Schützling der Livia, deren Andenken er als Kaiser erneuert (Cohen nr. 43—59) und als deren Verwandter er angesehen wurde. (Plut. Galb. 14.)

Durch seine Stiefmutter wahrscheinlich verwandt mit der Gemahlin des Kaisers Caius und einer Verlobten des späteren Kaisers Claudius. (Livia Orestilla und Livia Medullina.)

Vermählt mit einer Descendentin des julisch-claudischen Hauses (Lepida).

Galba der Sohn. (Piso.)

1. Großneffe des Dictators Caesar.
2. Großneffe der Kaiserin Livia.
3. Vetter der Kaiser Caius, Claudius und Nero (durch Scribonia und Livia).
4. Urenkel des Cn. Magnus und des M. Crassus.
5. Schwager der Kaiserstochter Antonia (sein Bruder ist Schwiegersohn des Claudius).
6. Verwandter des Kaisers Galba. Pisos Bruder Crassus ist mit einer Sulpicia vermählt, diese letztere scheint die Verbindung herzustellen, war demnach wohl eine Nichte (s. Tafel), vielleicht auch eine Tochter[3]) oder eine Enkelin Galbas.
7. Adoptivsohn Galbas.
8. Die Verwandtschaft Galbas, des Vaters und des Sohnes, vermischt sich später; über deren Beziehungen zu Vitellius s. die Stammtafel im Anhang.

---

[1]) Über die Nachkommen des Corvinus aus der Ehe mit Aurelia Coffae f. cf. Borghesi III, 529. Messalina war in vierter Ehe mit Atticus Vestinus (cos. 65) vermählt (T. A. XV, 68); über die Vermählung mit Nero: Schol. Juv. 6, 434.

[2]) Die Ahnen (imagines) Galbas werden wie die „langgeerbte Hausmacht der Claudier" vom Kaiser Vespasian ehrfürchtig gescheut. (Tac. H. II, 76.)

[3]) Nach Suet. G. 6 hatte Galba „duos filios", was aber nicht ausschließlich auf Söhne bezogen zu werden braucht, sondern vielleicht auch zwei Kinder, d. h. einen Knaben und ein Mädchen, bedeutet.

Die Stammtafel zeigt, wie die Verbindungen zwischen den beiden Galbae denkbar sind; sie basiert auf wenigen festen Punkten: Diese sind: Dolabella ist propinquus Galbas (T. H. I, 88; II, 63); Vitellius tödtet ersteren als Prätendenten, die Verwandtschaft muss somit eine nahe sein. Da nun Dolabellas Sohn das Sulpicische Pränomen Servius, das bei den Corneliern nicht üblich war, führt, fasste ich ihn als Abkommen der Galbae, bezw. einer Sulpicia, auf.

Die Existenz eines Dolabella Veranianus nehme ich als Beweis dafür an, dass Verania selbst, die Gemahlin Galbas des jüngeren, oder eine Verwandte, sich mit den so wie so schon nahestehenden Dolabellas vermählt habe.

Otho.

1. Othos Schwester war mit des Kaisers Caius Bruder, dem Oheim Neros, verlobt.

2. Otho war vermählt mit Poppaea, der Stieftochter eines Enkels der Scribonia und Vetters des Germanicus, der Agrippina und der Caesaren C. L. und Agrippa.

3. Othos Gemahlin wird von Kaiser Nero geehelicht[1]) und zur Augusta ernannt.

4. Otho verlobt sich als Kaiser mit des Kaisers Nero Witwe (Stat. Messalina). (Suet. O. 10.)

5. Otho lässt sich Nero nennen. (Suet. O. 4.)

Ein Salvier, Arvale unter Domitian, vermählt sich mit einer Vitellia, welcher Verbindung Salvius Vitellianus entspringt; die Möglichkeit ist vorhanden, dass die genannten den Häusern der Kaiser Otho und Vitellius entsprossen; Vespasians Fürsorge für des letzteren Tochter wird ausdrücklich erwähnt. (T. H. III, 78.)

Dass die Vornamen dieser beiden Salvier Caius lauten, ist kein stichhaltiger Gegengrund, da Änderungen der Vornamen häufig vorkommen; vielmehr ist es wahrscheinlich, dass die Vornamen des L. und M. Otho, die eines gewaltsamen Todes starben, wie der Vorname des A. Vitellius, dessen Andenken nicht in Ehren stand, vermieden wurden.

Die Verbindung zweier gestürzter Häuser unter sich hatte Präcedentien in der Vermischung von Pompeius' und Antonius' Nachkommen mit den Juliern und Claudiern. Weitere Beispiele für die Vermengung verschonter Überbleibsel von Kaiserhäusern lassen sich aus folgenden Namen vermuthen:

Ser. Cor. Dolabella Petronianus cos. 86 (aus den Häusern Galbas und Vitellius).

Flavius Vitellianus (unter Hadrian in Ägypten) aus den Häusern des Vitellius und der Flavier).

Ti. Flavius Titianus und gleichnamige Nachkommen (aus den Häusern Othos und der Flavier).

Die Ceionii Albini (aus den Häusern des Lucius und des Albinus).

Die Ceionii Juliani (aus den Häusern des Lucius, des Julianus I. und des Albinus).

Pescennius Julianus ⎫ (aus den Häusern des Julianus I., Albinus und
Pescennius Albinus ⎭ Pescennius.)

[1]) Othos Speculation mit dem gemeinsamen Besitz der Poppaea geht klar aus des Tacitus Worten hervor. (A. XIII, 46.)

— 27 —

Salvier. Cornelier. Julier und Claudier.

M. Salvius Otho. (Suet. O. 1)

L. Salvius Otho, cos. suff. 33. f. arv. 39. (Suet. O. 6; O. 1.)
G. Albus Terentia.

Scribonia.
G. 1. P. Cor. Scipio.
2. Caesar Augustus.

P. Cor. Scipio.

2.
Julia.
G. Agrippa.

P. Cor. Scipio.
(†) Poppaea Sabina.
Aus ihrer Ehe mit Ollius:

Agrippina.
G. Germanicus.

L. Otho Titianus, cos. I. 52; Des II. 69. Fr. arv. 57—69. (Suet. 4), 1, 10.)

M. Salvius Otho Caesar. =

Poppaea.
G. 1. Crispinus.
2. Otho.
(T. A. XIII, 45.)
3. Nero.

Agrippina.
G. 1. Cn. Domitius.
G. 2. Tl. Claudius.

Drusus.
Verlobt mit Salvia.

Caius.

Salvia.
Verlobt mit Drusus
Jul. Germ. Caesar.
† 33. (Suet. O. 1.)

Salvius Cocceianus
(Suet. O. 10.)

Kinder.

1.
Crispinus. Claudia.

3.
Claudia.

Nero.¹)
G. Poppaea.

C. Salvius Liberalis C. f. Nonius Passus
Fr. arv. 78—87. (Acta F. arv. 110, 111.)
G. Vitellia Rufilla.
(Orelli 1171.)

C. Salvius Vitellianus.

Fl. Titiani.
(cf. Pertinax.)

Vitellius.

Des Vitellius Vater war dreimal Consul und Collego des Kaisers Claudius in der Censur.

Des Vitellius Bruder ist mit einer Großenkelin der Julia und Urenkelin des Augustus vermählt, deren Oheim mit einer Kaiserschwester verehelicht, deren Mutter mit dem späteren Kaiser Claudius und deren Bruder mit einer Kaiserstochter verlobt war. (T. A. XII. 4.)

Des Vitellius erste Gemahlin und Base ist mit einem Verwandten (Neffen?) des Kaisers Galba vermählt.

Vitellius nennt sich und seinen Sohn[1]) gleich den Kaisern Caius, Claudius und Nero: Germanicus[2]); seine Mutter erhebt er zur Augusta. (T. II. II, 89.)

Eine Vitellia erscheint später als Gemahlin eines Salvius (vgl. unter Otho.)

Vespasianus.

Über den Zusammenhang von Vespasians Gemahlin mit den dem julisch-claudischen Haus verwandten Domitii hat man keine weiteren Anhaltspunkte; ob also die Mutter der Domitilla den Dom. Ahenobarbi, Corbulones oder andern Domitiern angehörte, ist nicht auszumachen, so lange kein Inschriftenfund uns zuhilfe kommt.

Zu beachten ist, dass Vespasians Gemahlin durch ihren Sohn unter die Divae versetzt wurde; damit wird indes für ihre Herkunft nichts gewonnen.

Vespasian, selbst zu alt, um sich mit einer Descendentin der Kaiserhäuser zu vermählen, nimmt nur die Titel der Julier und Claudier, Caesar und Augustus, an.

Durch die Allianzen seiner Söhne verbindet Vespasian sein Haus mit den früheren Dynastien.

Beziehungen zu Vitellius:

Ob L. Tampius Flavianus, der affinis und propinquus des Kaisers Vitellius, von einer mit Vespasian oder Flavia Domitilla verwandten Flavia abstammt, ist nicht auszumachen. Er wurde im Jahre 69 Arvale.

Titus.

Sohn des Kaisers Vespasianus; über die Descendenz seiner Mutter, der Diva Domitilla, siehe oben.

Titus vermählt sich mit einer Marcia, die wahrscheinlich von Juliern abstammt.

Auf dieses Resultat kommt man durch folgende Schlüsse: Titus nannte seine Tochter, abweichend vom herrschenden Gebrauch, nicht nach seinem Gentilnamen

---

[1]) Dieser Sohn heißt (T. II. II. 69): „cinctus cunctis fortunae principalis insignibus"; hiebei ist an Titel wie Princeps juventutis, pontifex, nicht aber an den Namen Caesar zu denken, den Vitellius selbst damals abgelehnt hatte.

[2]) Dies ist keineswegs als Siegestitel aufzufassen, sondern als Name, wie aus der Stellung von Germ. in den Münzlegenden hervorgeht; sie lauten: „A. Vitellius Germ. imp. tr. p." oder „imp. aug. tr. p."

Nur einige der frühesten Prägungen nennen ihn „A. Vitellius imp. Germ.", diese mögen noch auf Germanensiege Bezug haben. Alle in Italien geschlagenen Münzen aber nennen ihn „Vitellius Germ.", wie Caius, Claudius oder Nero vor der Thronbesteigung, also auch vor Germanensiegen, schon hießen.

Flavia, sondern Julia. Dies ist nun keineswegs eine Folge dessen, dass Titus sich Caesar nannte[1]). Denn die im Purpur geborenen Töchter des Claudius Caesar und des Nero Caesar heißen Claudiae und nicht Juliae. Trotz der Annahme des Caesaren-Cognomens behält jeder Kaiser sein Geschlecht, Vespasian, Titus und Domitian bleiben Flavier wie Hadrianus ein Aelier u. s. f.

Da nun Titus selbst keine bekannten Vorfahren julischen Geschlechtes hat, so sind diese im Stammbaum von dessen Gemahlin Marcia Furnilla zu suchen; wie die letztere mit dem julischen Kaiserhaus zusammenhängt, kann man sich wie in der folgenden Tafel dargestellt denken; dieselbe beansprucht nur den Wert einer neuen Hypothese. Vielleicht stammt auch deren Mutter von den Antonii ab.

Durch eine vornehme Allianz des Titus erklärt sich erstens, dass Mucian denselben seinem Vater Vespasian vorzog („in Titum pronior", T. H. II. 74), ihn sogar adoptieren wollte (lc. 77); zweitens, dass Titus der Tochter aus dieser Ehe in so jugendlichem Alter den Augustatitel[2]) und das Münzrecht[3]) verlieh; drittens dass sie dem Domitian als Gemahlin angeboten ward.

Titus war ein Jugendfreund des Britannicus und kam dadurch in Beziehungen zum Kaiserhaus; dankbar restituierte er des jungen Prinzen Andenken und errichtete ihm Statuen. (Suet. Tit. 2.)

(Julier und Marcier.)

		C. Caesar.			
		Caesar, Dictator.	Julia.		
			Atia.		
Octavia.	Caesar Aug.	Marcius Philippus. G. Atia min.			C. Furnius, cos. 17. v. C.
Antonia.	Julia.	Marcia. G. Paull. Fab.	?		
Germanicus. Claudius.	Julia.	Fab. Persicus.			
Caius. Agrippina.	Lepida	Q. Marcius. G. Antonia.	Q. F. C. n. Barea Furnilla		Antonia Furnilla. (Dessau I, 953.)
Nero.	Calvina. L. Vitellius.	Marcia Furnilla. G. Titus.			
		Julia Augusta.			

Julia ward, als Domitian sie abgelehnt hatte, mit dem Vetter ihres Vaters, Fl. Sabinus, vermählt. Den letzteren tödtete Domitian als seinen Nebenbuhler, war er doch Neffe des Kaisers Vespasian und Schwiegersohn des Kaisers Titus.

Die Julia nahm Domitian als Geliebte in sein Haus auf und gewährte ihr Ehren und Titel. Sie starb nach Henzen, Acta fr. arv. S. 173, im Jahre 89 und

---

[1]) Wie Herzog II, 242 irrthümlich angibt.

[2]) Die Gewährung des Augustatitels war bei den Juliern sehr beschränkt; unter der Menge von Prinzessinnen trugen ihn nur Livia (= Julia), Antonia, Agrippina d. J. und Poppaea. Die Gemahlinnen des Caius entbehren des Titels, der Messalina I. wurde er abgeschlagen, und der Kaiserstochter und Kaisergemahlin Octavia nicht einmal angeboten.

[3]) Julia ist die erste Augusta, die selbständig Reichsmünzen ohne des Kaisers Schrift und Bild prägt; alle Damen der früheren Kaiserhäuser erscheinen nur im Verein eines Kaisers auf dem Reichsgold.

ward von Domitian consecriert. (Münzen mit der Inschrift „Diva Julia". Cohen 1, 9, 10, 19.)

Titus wurde sofort nach der Thronbesteigung seines Vaters Caesar (Plin. Paneg. c. 8: simul filius, simul Caesar); das Sohnesverhältnis, gleichviel, ob es natürlich oder durch Adoption hergestellt war, brachte damals den Caesarennamen mit sich. Dasselbe gilt, wie ich glaube, noch für Hadrians Zeit, und Stobbe (S. 37—38) ist im Irrthum, wenn er die Daten der Adoption und des Caesarentitels bei Aelius um sechs Jahre auseinandergehen lässt.

Des Titus erste Gemahlin stammte aus einer den Flaviern bereits nahe verwandten Familie. Es sind dies die Arrecini. Eine Großmutter Vespasians hieß Tertullia (Suet. Vesp. 1, 2, schreibt Tertulla), und denselben Namen führt Titus' Gemahlin Arrecina Tertullia. Gemeinsam ist ferner beiden Familien der Name Clemens; diesen führen die beiden Prätorianer-Präfecten unter Caius und unter Vespasian, ferner der Urenkel der Tertullia und der Neffe des Vespasian.

		Tertullia.
		Sabinus.
Arrecinus Clemens. (pr. pr. unter Caius.)	Vespasian.	Sabinus.
Arrecinus Clemens. (pr. pr. 70.) „Domui Vespasiani per affinitatem innexus." (T. H. IV, 68.)	Arrecina Tertullia. = Titus.	Clemens.

Wahrscheinlich hatte Sabinus, der Bruder Vespasians, eine Arrecina zur Gemahlin, daher der Name Clemens bei seinem Sohn. Im Stammbaum der Arrecina Tertullia wiederum mag sich eine Flavia, bezw. eine Descendentin der Großmutter Vespasians, befunden haben.

Domitianus.

Sohn des Kaisers Vespasian und der Domitilla.
Bruder des Kaisers Titus.

Die Tochter des Kaisers Titus, Julia Augusta, wird ihm zur Gemahlin angeboten.

Domitian vermählt sich mit Domitia, einer Verwandten der Julier und Claudier, welche „splendidior origene" als des Domitian Vater ist. (Tac. H. II, 76.)

Domitia war die Tochter des Cn. Domitius Corbulo; der letztere ist wahrscheinlich mit den Domitii Ahenobarbi verwandt, deren Familie dasselbe Pränomen (Cnäus) eigen ist (sieben Vorfahren Neros führen diesen Namen; Drumann, nr. 1—4, 6, 10, 13). Wohl gerade wegen seines glänzenden Namens ward Corbulo von Nero getödtet (67); dazu kam, dass Corbulo Schwager des Kaisers Caius gewesen war.

In dieser hohen verwandtschaftlichen Stellung verheiratete Domitius eine Tochter an den Neffen der Kaiserschwester Livilla, den Sohn eines Throncandidaten des Jahres 41. (Dio. 60, 15.)

Die zweite Tochter ward mit einem Plautius, dessen Haus mehrfach mit dem engern und weitern Kaiserhaus verschwägert war, vermählt. (Vgl. die Tafeln.)

Domitians Gemahlin war die Nichte des Kaisers Caius (bezw. von dessen Gemahlin Caesonia), ferner die Nichte des Kaisers Claudius (bezw. seiner Gemahlin Plautia Urgulanilla) letzteres durch ihre Vermählung mit Plautius Lamia.

Domitian ertheilte ihr den Augustatitel (81) (Acta fr. arv.); ihren gemeinsamen Sohn ernannte er zum Caesar und consecrierte ihn nach dem Tode. (Münzen bei Cohen, Domitia n. 5—11 mit der Inschrift: „Caesaris mater".)

Nerva.

Über Nervas Beziehungen zu den vorhergegangenen Kaiserhäusern ist nichts überliefert, außer dass er consularischer College des Kaisers Domitianus war (i. J. 90). Der Name seiner Mutter lautet: Sergia Plautilla, doch wäre es gewagt, aus dem Cognomen eine Abstammung von der hochgestellten und mit den Claudiern und Flaviern verwandten Plautii herzuleiten, wenn auch Plautilla die richtige Derivation von Plautius (wie Urgulanilla von Urgulanius, Domitilla von Domitius) darstellt.

Einen Grad von Wahrscheinlichkeit aber dürfte eine andere Hypothese haben: Des Kaisers Otho Neffe heißt Cocceianus, und dieses Cognomen weist in jener Zeit (vgl. Vespasianus nach seiner Mutter Vespasia, Vitellianus nach Vitellia) regelmäßig auf das Geschlecht der Mutter. Die Mutter unseres Salvius Cocceianus wäre demnach eine Cocceia und durch ihre Ehe mit Salvius Titianus eine Schwägerin des Kaisers Otho. Da nun die Cocceii in jener Zeit kein weitverzweigtes Geschlecht sind, wohl aber ein hochgestelltes, so ist eine Verbindung von Othos und Nervas Familie sehr wohl möglich.[1])

Trägt man den Altersverhältnissen Rechnung, so kann man etwa folgendes Schema der Verbindung aufstellen:

```
                            M. Cocceius.
 _____|_____
 |                                                                     |
M. Cocceius, cos. suff. (CIL VI, 1039);       M. Cocceius Nerva. (W. 929.)
 „continuus principi" (Tiberio) (T. A. VI,    G. Sergia Plautilla, Laenatis f. (Dessau I, 281.)
 26); divi Nervae avus (Frontin de aquaed. 100).          |
                                                 _____|_____
                                                 |                 |
                                          (Cocceia?)         M. Cocceius Nerva.
                                          G. L. Otho Titianus
                                          (Bruder des Kaisers Otho).
                                                 |
                                          Salvius Cocceianus.
```

Traianus.

Folgt als Adoptivsohn des Kaisers Nerva diesem nach.[2])

Darüber, ob Traians Gemahlin Pompeia Plotina in irgend einem Verhältnis zu den Pompeii Magni stand, kann keine Vermuthung geäußert werden, da alle Zwischenglieder uns fehlen. Dass Traians Mutter genealogisch mit einer früheren Dynastie zusammenhängt, ist nicht ausgeschlossen; doch ist nicht einmal ihr Name bekannt, und er lässt sich auch nicht mit Sicherheit aus den Namen ihrer weiblichen Nachkommen reconstruieren.

Traian restituiert das Andenken des Pompeius[3]), was indes nicht für Plotinas Descendenz kann geltend gemacht werden, da der Kaiser gleichermaßen auch andere Republikaner, sowie Caesar, Augustus, Agrippa, Tiberius, Claudius, Galba, Vespasian, Titus und Nerva verherrlicht[4]). Wegen damnatio memoriae sind die Imperatoren Caius, Nero, Otho, Vitellius und Domitianus von dieser Reihe ausgeschlossen.

---

[1]) Umsomehr, als sowohl Nerva (T A. XV, 72) wie Otho Günstlinge des Kaisers Nero gewesen waren.
[2]) Plin. Panegyr. 83. Dio 68. 5. Aur. Vict. Epit. 42.
[3]) Cohen I, S. 6, n. 22.
[4]) Cohen II, S. 88.

Hadrianus.

1. Des Hadrianus Vater ist ein Vetter des Kaisers Traianus.
2. Die Gemahlin Hadrians ist eine Großnichte des Traianus (W. 974), eine Tochter der Matidia Augusta, Enkelin der Marciana Augusta und Großenkelin des Kaisers Nerva.
3. Hadrian folgt auf Traian als wirklicher oder angeblicher Adoptivsohn, folglich als Enkel des Kaisers Nerva.

Traius.				(Aelius).	
M. Ulpius Traianus, cos. 85.		Ulpia.	=	G. Aelius.	Aelius Hadrianus.
(M. Ulpius Traianus) Nerva Tra!anus.	Marciana Augusta, † 114. (W. 970.) G. C. Salonius Matidius Patruinus, Arv. 77.			P. Aelius Hadrianus Afer. † 85.	
	Matidia Augusta. W. 2782, 1.; W. 981.) G. L. Vibius.		(P. Aelius Hadrianus.) Traianus Hadrianus. G. Sabina.		Domitia Paulina.[1] CIL. Sic. Sard. X, 6220.) G. L. Jul. Servil. Urs. Servianus. † 136.
	Matidia (W. 974.)	Sabina.[2] G. Hadrianus.		(Julia) G. Cn. Pedan. Fuscus Saliuator, cos. 118.	
				(Ped.) Fuscus. † 136.	

Pius.

Pius folgt als Adoptivsohn dem Kaiser Hadrianus, indem er dessen Gentil- und Zunamen annimmt; er heißt: T. Aelius Hadrianus Antoninus.

Durch seine Gemahlin verwandt mit Domitia Lucilla, der Mutter des Marcus und der Domitia Lucilla, der Gemahlin von Hadrians erstem Adoptivsohn (Aelius Caesar).

T. Aurelius Fulvus, cos. I, 85; II, ?				Arrius Antoninus, cos. suff. 69 G. Boionia Procilla.	
Aurelius Fulvus, cos. 89.			=	Arria Fadilla.	
(T. Aur. Fulvus Arrius Boionius Antoninus). Hadr. Antoninus Pius.		G. Annia Galeria Faustina.	P. Ael.	Julia Fadilla. G. Julia Lupus, cos.	Brüder.
A. Aur. Fulv. Anton.	M. Gal. Aur. Anton.	Aurelia Fadilla. G. Lamia Silanus.		Annia Faustina. † 175 G. M. Aur. Antoninus.	| | | Antonini multi.

Durch seine Töchter ist Pius Ahnherr zweier später zu nennender Prinzessinnen (vgl. Maximinus I. und Gordianus I.).

Durch seine zweite Tochter Faustina ward er Großvater der eilf Kinder Marc Aurels.

---

[1] Nicht zu entscheiden ist vorderhand, ob Domitia, die Gemahlin Domitians, Domitia Paulina, Hadrians Schwester, Domitia Lucilla, Gemahlin des Aelius Caesar, und Domitia Lucilla die Mutter des Marcus, in irgend welchem verwandtschaftlichen Zusammenhang stehen. Wäre ein solcher anzunehmen, so hätten wir die Verbindung zwischen den Claudiern und den Antoninen hergestellt.

[2] Sabina scheint ihren Namen von irgend einem Sabinus herzuleiten; unter Traian war nun P. Metilius Sabinus Nepos Arvale geworden (105, 118); auch dessen Sohn P. Metilius Secundus erscheint 117, 118 und 122 in diesem Collegium; beide dürften daher als Verwandte der Sabina angesehen werden.

Seine übrigen Verwandten stammen von des Pius frühverstorbenen Brüdern; zu nennen ist C. Arrius Antoninus, getödtet unter Commodus (Lampr. Comm. 7; Henzen 7419), ferner mehrere Antonine im Jahre 217: „Antonini multi ex affinibus Pii erant inter duces". (Diad. 1.)

Die Gemahlin des Pius stammt möglicherweise von der Witwe des Kaisers Vitellius Galeria Fundana; wenigstens kehren deren beide Namen im Stammbaum der Annii wieder. Die Kaiserin Faustina I. heißt Annia Galeria Faustina, ihr Sohn M. Galerius Aur. Antoninus und ihre Nichte Annia Fundania Faustina.

Lucius.

1. Sohn des von Hadrian adoptierten L. Aelius Caesar, demnach Großenkel Traians und Urenkel Nervas.
2. Von Pius adoptiert folgt er neben Marcus als Kaiser unter dem Namen L. Aurelius Verus.
3. Lucius vermählt sich (164) mit der Tochter seines kaiserlichen Adoptivbruders Marcus (Annia Lucilla).
4. Für die Descendenz des Aelius Caesar und des Lucius von den mit den Claudiern und Flaviern verwandten Plautiern liegen Beweise nicht vor.[1]

	L. Ceionius Commodus, cos. 78. (CIL VI, 1849.) G. Appia Sex. F. Severa.		
	L. Ceionius Commodus.	Domitia Nigrina. (Borgh. III, 10.)	
Avidia Plautia.	M. Ceionius Civica Barbarus cos 157. (L. Ceionius Commodus) L. Aelius Caesar. (cos. I, 136; II, 137 G. Domitia Lucilla.	— Domitia Lucilla[2].	Avidia Plautia.
.... Plautillus. Tochter. Albinus Caes.	(L. Ceionius Commodus) L. Aurellus Verus Caes. G. Annia Lucilla Aug.	Ceionia Plautia (CIG. 5883. Eph. V, 632.) G. Q. Servil. Pudens[3]), cos. 166. Q. Servil. Pudens. (Eph. V, 298.)	Fabia.

Avidius Cassius.

Es wäre im höchsten Grad unwahrscheinlich, wenn der Usurpator Avidius gegenüber einer Dynastie, die schon sechs Kaiser geliefert hatte und eine Anzahl erwachsener Repräsentanten zählte, ohne jeglichen Rechtstitel oder Schein seine Unternehmung gewagt hätte.

Wir finden nun unter Traian einen C. Avidius Nigrinus als leg. Aug. pr. pr. (Plin. ep. ad Traian. 65, 66), seine beiden Namen aber kehren unter Hadrian und Pius wieder, und zwar beide bei Personen, die mit dem Kaiserhaus nahe verwandt

---

[1] Des Lucius Schwester Plautia trägt ihren Namen nach ihrer Tante (amita) Avidia Plautia; diese scheint eine Schwägerin des Caesars Aelius gewesen zu sein (cf. CIX X, 2, 6706); das Festhalten an diesem Namen dürfte seine Gründe in dynastischen Rücksichten haben. Ein Plautius Quintillus war 177 consularischer College des K. Lucius. Ein gleichnamiger Consul 159.

[2] Des Lucius Mutter, Domitia Lucilla, trägt denselben Namen wie des Marcus Mutter die auf einer Münze (Bernoulli Ikon. II, S. 188) dargestellt ist; sie steht ohne Zweifel zu dieser in einem verwandtschaftlichen Verhältnis.

[3] Was Q. Servilius betrifft, so sei hier daran erinnert, dass ein L. Jul. Servilius, vielleicht ein Verwandter, der Schwager Hadrians gewesen.

sind. Domitius Nigrinus ist der Schwiegervater des Caesars Aelius, Avidia Plautia die Tante des L. Verus.

Die Möglichkeit, dass Avidius also ein Vetter oder sonstiger Verwandter des Kaisers Lucius gewesen, ist demnach nicht nur nicht abzuweisen, sondern als Grundlage weiterer genealogischer Untersuchungen anzunehmen, welche die Verbindung zwischen Ceionii (Aelius Caesar und Lucius Augustus) und Avidii aufklären werden.

Marcus.

Neffe der Faustina Augusta, der Gemahlin des Pius.
Schwiegersohn des Kaisers Pius.
Adoptivsohn des Kaisers Pius.
Schwiegervater seines Mitregenten Lucius.
Verwandter des Aelius Caesar und des Lucius durch Domitia Lucilla.

Commodus.

Sohn des Kaisers Marcus und der Faustina II.
Enkel des Pius.
Adoptivsohn des Kaisers Lucius, daher die Namen Aelius und Commodus.
Stammt von fünf Kaisern: Nerva, Traian, Hadrian, Pius und Marcus, daher sein von ihm zuerst geführter Titel: „Nobilissimus".

Pertinax.

Des Pertinax Gemahlin ist eine Descendentin der Flavier, durch Domitilla, also weiblicherseits von Vespasian, männlicherseits von der christlichen Seitenlinie abstammend.

Pertinax stammt von einem Libertinen, hat somit keinerlei Ansprüche auf irgend welchen Zusammenhang mit dem Kaiserhaus machen können; er war 192 Consulatscollege des Kaisers Commodus.

Pertinax schlug für seine Gemahlin den Titel Augusta, für seinen Sohn den Titel Caesar, welche vom Senat angeboten waren, aus. Gleichwohl führen beide auf provinzialen Denkmälern diese damals der Kaisergemahlin und dem Kaisersohn regelmäßig verliehenen Titel. (Cohen III, p. 397; Dessau I, 410.)

Helvius Successus.	G. Alba Pompeia.	
P. Helvius Pertinax, cos. suff. 175; cos. 192.		G. Fl. Titiana (Aug.).
P. Helvius Pertinax (Caes.), cos. suff. 212.		Tochter.

Julianus I.

Salvius Julianus, cos. II.

Salvius Julianus.	(Juliana).	G. Severus.
Petronius Didius Severus.		G. Clara Aemilia.
M. Didius Severus Julianus. G. Manlia Scantilla Aug.[1]	Didius Proculus.	Nummius Albinus, cos. 206.
		M. Nummius Albinus, cos. 227.
Didia Clara Augusta. G. Cornel. Repentinus.		Nummius Albinus, cos. I, 246; II, 263.

[1] Ihrem Namen nach ist diese Augusta Tochter eines Manlius und einer Scantia; ein L. Scantius L. F. Quir. Julianus errichtet unter Severus dem Pertinax eine Statue in Cirta. (CIL. VIII, 6995.)

Es sei darauf aufmerksam gemacht, dass Julians Vater den Namen Petronius führt, und dass mehrere dieses Namens mit dem Hause des Vitellius, des Marcus und des Commodus verwandt sind.

Ferner sei bemerkt, dass sowohl das Cognomen Julianus wie Albinus, dem wir in des Kaisers Familie begegnen, sich bei den Ceionii häufig findet. (Vgl. Albinus.)

Pescennius.

Die Namen des Annius Fuscus, des Vaters des Pescennius, weisen einerseits auf die weitverzweigte Familie der Annia Faustina Aug. und des Marcus, anderseits auf den Neffen und Großneffen des Kaisers Hadrian.

Ein P. Pescennius Niger war 183 Arvale, was ebenfalls auf hohe Stellung der Familie schließen lässt; die Namen des Pescennius Aurelianus, P. Julianus und P. Albinus mit ebensoviel Kaiserhäusern in Verbindung zu bringen, ist natürlich allzu gewagt.

Sechs Pescennii, sämmtlich Verwandte der Kaisers, wurden von Severus I. getödtet. (Spart. Sev. 13.)

Als Kaiser nimmt P. den im Orient beliebten Titel des Gerechten[1]) (Justus) an.

Albinus.

Als Ceionier zweifellos verwandt mit den beiden L. Ceionii Commodi, d. h. L. Aelius Caesar und L. Verus Augustus. So erklärt sich des Kaisers Commodus Plan, den Albinus zu adoptieren, denn in der Regel adoptierten die Vorfahren des Commodus nur nahe Verwandte.

Letzterer Kaiser führt auch während mehrerer Jahre (178—180 und 191—192) statt des Vaternamens M. Aurelius die Namenreihe der Ceionii, d. h. er nennt sich genau wie zeitweilig der Kaiser Lucius (W. 947): L. Aelius Aurelius Commodus

Ob des Albinus Schwiegervater Plautillus etwas mit der Ceionia Plautia oder Avidia Plautia zu thun hat, kann nicht festgestellt werden; höchst wahrscheinlich ist derselbe Sohn einer Plautia.

Als Mitregent anerkannt und von Severus adoptiert heißt Albinus mit Einschiebung von des Severus Gentilnamen: D. Clodius Septimius Albinus Caesar.

Aus den Namen folgender Verwandter des Kaisers Albinus erhellt die Verbindung desselben mit den kaiserlichen Ceioniern:

Ceionius Postumus, Vater des Albinus;
Ceionius Postumianus, Affinis des Albinus (Capit. Alb. 6);
Ceionius Albinus (Spart. Sev. 13);
Ceionius Albinus (Vita Aureliani 9).

---

[1]) δίκαιος ist ein häufiger Titel baktrisch-indischer und parthischer Könige (Head. Hist. num. 701—710); noch unter den Arabern wird die Gerechtigkeit als Haupttugend des Fürsten gepriesen.

Mit einer Descendentin dieses Geschlechts vermählt Kaiser Constantin seinen Bruder; aus dieser Ehe entspringt Kaiser Julianus III., dessen Namen ein Cognomen der Ceionier ist. (Vgl. Seek zu Symmachus M. G. H., p. CLXXI.)

C. Caeionius Rufius Volusianus, cos. I, 311; II, 314.	Caeionius Julianus Camenius, cos. 326.	
Caeionius Rufus Albinus, cos. 335.	Publilius Caeionius Julianus.	Basilina. G. Jul. Constantius nobilissimus.
C. Caeionius Rufus Volusianus.		Fl. Claudius Julianus III. Augustus. † 363.
| | | | Mehrere Ceionii Albini.		

Die Verbindung mit den Aelii wird gebildet durch folgende Persönlichkeit: Aelius Bassianus — „familiam Albinorum cum Ceionio Postumo communem habuit". Capit. Albin. 4.

Ob die Mutter des Kaisers, Aurelia Messalina, mit den kaiserlichen Aureliern verwandt ist, wissen wir nicht.

Über die Namen Julianus und Albinus, welche in den Kaiserhäusern des Julianus I. und des Albinus vorkommen, siehe oben; sind diese beiden Dynastien unter sich verwandt, so wäre Julianus gleich Albinus als Verwandter der Antonine anzusehen. Julianus III. trüge in diesem Fall seinen Namen nach Julianus I., dessen Erben die Ceionier wären.

Severus.

Nimmt den Namen seines Vorgängers, des Kaisers Pertinax, an und consecriert diesen. (Herod. cf. Wilm. ad n. 983; W. 1199.)

Tritt als Bruder des Kaisers Commodus und Sohn des Kaisers Marcus, dessen ganze Filiation bis Nerva er annimmt (CIL VI, 954), auf und legt sich deren Namen Pius bei (W. 989) er consecriert den Commodus.

Seinen älteren Sohn nennt er Aurelius Antoninus.

Aus der folgenden Stammtafel wird klar, dass Severus durch seine Mutter und seinen Großvater Anspruch auf das Cognomen Pius hatte; der Umstand aber, dass er es seit 195 führt, zeigt, dass er es im Anschluss an die Legalfiction angenommen.

L. Macer.[1])				Fulvius Pius.		
L. Sept. Fla..[2]) cos. 183.	Septim.[2]) Severus, cos. II.	P. Sept. Geta.[4])	=	Fulvia Pia.	C. Fulvius.	O. Plautia.
L. Septimus Severus., Pius Pertinax. G. 1. Paccia[5]) Marciana. 2. Julia Domna.		P. Sept. Geta, cos. II, 203.		C. Fulvius Plautianus.		
1. (Bassianus) M. Aur. Antoninus (Severus).		2. (L.) P. Sept. Geta (Antoninus).		Fulvia Plautilla		Plautius.

[1]) Im Text (Spart. Sev. 1) steht verkehrterweise: „avus maternus Macer, paternus Fulvius Pius fuere", doch ist klarerdings letzterer der Vater der Fulvia Pia; der Vorname L. ergibt sich aus der Inschr. Dessau I, 439.

[2]) und [3]) L. Sept. Fla. (Flaccus? Flavianus?) ist hier als Oheim des Kaisers eingeschoben, weil es heißt, Geta habe fratres consules gehabt; dasselbe trifft bei Sep. Sev. cos. II zu.

[4]) Dessau I, 439.

[5]) Dessau I, 440.

Sev. Antoninus.

Sohn des Kaisers Severus, der die ganze Filiation der Antonine usurpiert hatte.

Nach Pius, Marcus, Commodus und Severus nimmt er den Titel Pius, nach Commodus den Namen Felix an.

Vermählt sich mit der Tochter des C. Fulvius Plautianus; dieser trägt den Titel nobilissimus gleich Commodus. (W. 986.)

Plautianus, cos. II. und College des Kaiserbruders Geta d Ält., dürfte diese Auszeichnung sehr wohl einer vornehmen Abstammung[1]) verdanken, und Glieder dieser wären die Ceionerinnen Avidia Plautia oder Ceionia Plautia, die nahen Verwandten des Kaisers Lucius. Weil er auf den Namen Plautius[2]) Gewicht legte, so nannte er auch seinen Sohn Plautius und nicht nur Plautianus oder Plautillus. Es wäre sogar unwahrscheinlich, dass Antoninus, dem noch einige andere echte Descendentinnen des alten Kaiserhauses zur Verfügung standen, eine solche consolidierende Verbindung verschmäht hätte, zu einer Zeit, wo jeder neue Kaiser sein Prestige durch Anknüpfung an die alten Antonine zu heben suchte. Möglicherweise ist Plautian väterlicherseits, wie in obiger Stammtafel angedeutet ist, ein Vetter des Severus; die eine oder die andere Annahme ist nothwendig, um Plautians exceptionelle Titel zu erklären.

Geta.

Sohn des Kaisers Severus und der Julia Augusta.

Bruder des Kaisers M. Aur. Antoninus.

Nimmt gleich seinem Vater und Bruder die ganze antoninische Filiation, von Nerva ausgehend, an; trägt infolge dessen den Titel nobilissimus. (W. 1508.)

Geta heißt in seiner Jugend, gleich seinem Vater und fictiven Oheim, Lucius (Imhoof. Portr. K. S. 10); später, aber noch als Caesar, nimmt er den Namen Publius, Kaisers Severus, den Pertinax sowohl als Getas gleichnamiger Oheim geführt hatten, an, und behält ihn als Augustus bei.

Auf das Cognomen Pius hatte er (vgl. Severus) sowohl als Septimier wie als angeblicher Antoninus Anrechte; er führt es seit seiner Beförderung zum Augustus. (W. 991.)

Macrinus.

Schließt sich an die Dynastie des Severus an, indem er sich nach der Thronbesteigung Severus Pius nennt und nach Commodus' und Caracallas Beispiel den Titel Felix sich zulegt.

Seinem Sohne Diadumenus gibt er den Namen Antoninus, den schon vier Kaiser (wenn man Geta zählt, fünf) getragen hatten; um die Fiction der hohen Abstammung zu unterstützen, tituliert er seinen Sohn „nobilissimus". (W. 996, 997.)

---

[1]) Ich gehe so weit, nobilissimus ausschließlich für die Abstammung, nicht für sonstige Verwandtschaft aufzufassen; vielmehr ist die neue Verbindung des Plautian mit den Kaisern Severus und Antoninus durch „necessarius sugg." daneben noch ausgedrückt. (W. 986.) Vgl. S. 40.

[2]) Als ein zweites Zwischenglied der Verwandtschaft wäre etwa M. Plautius Quintillus consul 177 und College des Kaisers Commodus zu nennen. (W. 2605.)

Diadumenus.
Nonia Celsa.
G (M. Opellius Macrinus) M. Opell. Severus Macrinus.   Pius Felix. (W. 995-997).

(M. Opellius Diadumenianus). (Henzen 5512, 5513.)
Auf einer Inschrift, Dessau I, 462, heißt er M. Opell. **Severus** Diadum; gewöhnlich aber:
M. Opell. Antoninus Diadum. Caesar.

Antoninus (Elagabalus).

Großneffe der Julia Domna Augusta und des Kaisers Severus I.
Sohn einer Base der Augusti Sev. Antoninus und Geta.
Angeblicher Sohn des Antoninus Magnus.
Vermählt sich:
1. Mit der Tochter des Prätorianer-Präfecten Julius Paulus (Julia Paula). (Borgh. I, 251.) Verschwägerungen mit dem Pr. Pr. sind von vielen Kaisern eingegangen worden (Tiberius, Vespasian, Titus, Julianus I., Sev. Antoninus, Gordianus III.).
2. Mit einer Enkelin des Kaisers Severus (Julia Aquilia Severa). Der Name dieser Augusta[1]) weist auf eine Descendentin der syrischen Julierinnen (Julia Domna) und des Kaisers Severus. Letzterer besaß in der That zwei Töchter, deren eine demnach, vermählt mit einem Aquilius Sabinus, die Mutter von Elagabals Gemahlin wurde.
3. Mit einer Enkelin des Kaisers Marcus (Annia Faustina).

Elagabal consecriert seinen angeblichen Vater Severus Antoninus.

Er umgibt sich mit einem Hof von Augustae, indem er seine Mutter, seine Großmutter und drei Gemahlinnen zu diesem Range erhebt.

Er nimmt die Titel Pius und Felix seiner Vorfahren an und hinterlässt sie als fortan ständigen Bestandtheil des Thronnamens.

Alexander.

Großneffe der Gemahlin des Kaisers Severus.
Enkel der Maesa Augusta und Neffe der Soaemias Augusta.
Vetter des Kaisers Elagabal. Adoptivsohn des Elagabal. (Lampr. Heliog. 13.)
Als Caesar nimmt er Vor- und Gentilnamen des Elagabal (M. Aurelius) an.
Besteigt den Thron als angeblicher Sohn des Sev. Antoninus und nimmt den Namen Severus nach seinem fictiven Großvater Severus an.

Die Soldaten legen ihm den Namen Antoninus bei, Alexander aber schlägt ihn aus. (Vita Alex. 6, 12.)

Um seine syrische Provenienz zu verdecken, legte er sich einen Stammbaum, in welchem er seinen Ursprung auf die Metelli zurückführte, an. (Vita Alex. 44, 3.)

Er consecriert seine Großmutter (Maesa) und deren Schwester (Domna)[2]).

---

[1]) Vgl. die analoge Namenbildung der dritten Gemahlin Elagabals, deren Bestandtheile ebenfalls auf die kaiserlichen Vorfahren zurückweisen; der Name des Vaters erscheint indes nicht im Namen der letztern Prinzessin.

[2]) Die Münzen der Diva Domna fallen nach Mommsen, Staatsr. II, 760 A. 8, erst nach 224; ihre Consecration und die der Maesa fällt vielleicht in dieselbe Zeit.

Die Stammtafel des bassianischen Hauses siehe umstehend.

Mit Fröhner. Annuaire numism. 1866, p. 189—209 nehme ich an, der Usurpator Uran. Antoninus entstamme dem alten emesenischen Fürstenhaus, und zwar als Nachkomme der bassianischen Antonine. Dass das Haus der letzteren aber von der alten Dynastie seinen Ursprung hernimmt, beweisen die Namen: Sohaemus, Soaemias, Alexander und Julius, welche mehrmals im Stammbaum wiederkehren. Severus Alexander heißt Bassianus bei dem wohlunterrichteten Dio (78, 30), der als Consul des Kaisers College gewesen war. Alexianus wird er bei dem minder glaubwürdigen Herodian (5, 7, 3) genannt.

M. Julius Gessius Bassianus, Arvale 213 u. 214, erweist sich durch seine drei Namen als Angehöriger des Bassianischen Hauses; er dürfte ein Sohn des Julius Bassianus, also ein Oheim des Sev. Antoninus und des Geta sein.

Die officielle Filiation der Antonine.[1]

Divus Nerva. † 98.	
Divus Traianus. † 117.	
Divus Hadrianus. † 138.	
Divus Pius. † 161.	
Divus Marcus. † 180.	Divus Verus. † 169.
Divus Commodus. † 192.	Divus Severus † 211.
Divus Antoninus Magnus. † 217.	P. Sept. Geta † 212.
M. Aur. Antoninus. † 222.	Divus Alexander † 235.

Maximinus I.

Tritt sammt seinem Sohn unter dem Namen Verus, den einige antoninische Prinzen (Marcus und dessen Sohn L. Annius Verus), sowie der Kaiser Lucius geführt haben, auf; ob Maximin diesen Namen schon als Privatmann getragen, ist nicht zu entscheiden, da uns nur Inschriften aus seiner Regierung zugebote stehen.

Maximin erhebt seine Schwester zur Diva[2]) und gewinnt so eine domus divina. (W. 1488.)

Sein Sohn galt als künftiger Gemahl von Kaiser Alexanders Schwester. (V. Max. 29, 1—4.)

Er verlobt seinen zum nobilissimus Caesar ernannten Sohn mit einer Großenkelin des Antoninus[3]); später ernannte er ihn zum Augustus. (CIG. 6801.)

Wer ist nun dieser Antoninus? Aus chronologischen Rücksichten würde man am ehesten an Marcus denken und an eine Descendentin von dessen Tochter Fadilla.

---

[1]) Die domus divina der Inschr. W. 121, 122, 985.

[2]) Paulina Julia Sancta CIG. III, 4340, die Diva Paulina der Münzen. Wohl dieselbe Person ist: Diva Caecilia Paulina Pia Augusta. CIL. X, 5054.

[3]) Wenn daher Herzog. S. 501, A. 2 bemerkt: „M. verzichtet auf jede künstliche Anknüpfung an eine frühere Dynastie", so ist dies nur für die eigentliche fictive Filiation zutreffend. Durch die Verlobung seines Sohnes mit einer antoninischen Prinzessin aber strebte er deutlich genug eine Verbindung mit jener Dynastie an.

— 40 —

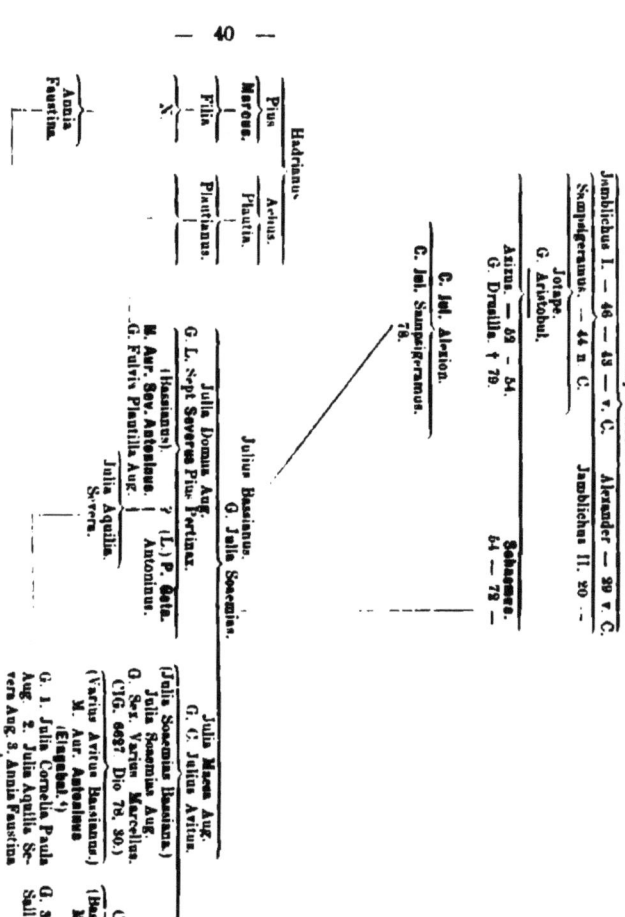

Nimmt man aber den damaligen Sprachgebrauch als genau an, so wird man sich eher für Pius als für Marcus entscheiden. Die Antonine Caracalla und Elagabal fallen aus verschiedenen Gründen ganz außer Betracht.

Junia Fadilla, des Maximus Verlobte, kann nun, wenn sie von Pius abstammt, nur eine Enkelin der Aurelia Fadilla sein; denn die Söhne des Marcus starben als Kinder und die einzige Schwester der Fadilla war die Gemahlin des Marcus. Liefe aber die Stammlinie durch Marcus, so hieße des Maximus Verlobte nicht Antonini proneptis, sondern einfach Marci neptis. Auch eine Erklärung ihres Geschlechtsnamens Junia wird nun leicht: der Gemahl der Aurelia Fadilla heißt Lamia Silanus; dies sind aber Cognomina der Aelii und Junii.

Ist die Überlieferung genau, dass Fadilla die proneptis sei, so dürfte sie, wenn nicht abnorme Alters- und Zeugungsverhältnisse in ihrer Familie herrschten, ihrem Verlobten an Alter überlegen gewesen sein, denn die ebenfalls als proneptis genannte Orestilla ist damals schon Großmutter. Der Ausdruck proneptis mag hier abneptis, wenn nicht gar adneptis bedeuten und zu jenen Ungenauigkeiten gehören, mit denen der Römer z. B. den Gemahl einer Enkelin oder sogar deren Verlobten als gener, die Gemahlin eines Enkels aber als nurus bezeichnete.

Balbinus.

Die einzigen Beziehungen des Kaisers Balbinus zu früheren Dynastien, die uns bekannt sind, bestehen in consularischer Collegialität seiner Vorfahren mit zwei Caesaren:

137 ist P. Caelius P. F. Balbinus Consul mit dem Thronfolger Aelius Caesar. (W. 1596, 2776.)

213 ist D. Caelius Balbinus Consul (zum zweitenmal) mit dem Kaiser Antoninus (Caracalla). (W. 922.)

Über den Wert einer solchen Auszeichnung und die Schlüsse, die daraus gezogen werden können, vergl. oben S. 6 ff.

Officieller Name: D. Cael. Calvinus Balbinus p. f. Aug. (Dessau I. 496.)

Pupienus.

Über die Familie des Pupienus vgl. Borgh. III, 185 f.; über seinen Namen vgl. Schiller 1, S. 790, A. H.

Der Name einer Tochter des Pupienus, Paulina Cethegilla, erinnert an die unbekannte Diva Paulina der Münzen. Wir haben die letztere aus zwei Gründen zur Familie des Maximinus gerechnet: erstens weil Pupienus als Collega des Balbinus nicht wohl seine eigenen Angehörigen consecrieren durfte, ohne ähnliche Vorgänge des letzteren. Dieser aber unterließ jede Erhebung seines Geschlechts. Zweitens sind die sämmtlichen Münzen der Diva Paulina auf demselben Fuß wie die des Maximin geschlagen, d. h. es sind sämmtlich Denare. Pupien aber prägte in gleicher Anzahl Denare und Doppeldenare (sogenannte Antoniniani), hätte also auch auf seine Angehörigen in beiden Sorten geprägt.

— 42 —

Schließlich sei noch bemerkt, dass der Gentilname Julia, den Paulina trägt, eher auf die Schwester des Jul. Maximinus rathen lässt, als auf die des Clod. Pupienus.

Gordianus I.

Stammt von Traianus.[1])

Die Nachricht muss so ausgelegt werden, dass Gordianus entweder von einem Bastard des Kaisers oder aber vom Divus pater Traianus abstammt.

Als Zwischenglieder kommen aus onomatologischen Gründen folgende Personen, die theilweise als Arvalen auftreten, in Betracht:

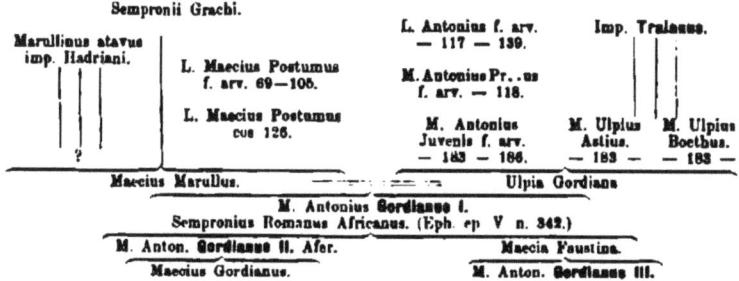

Durch dieses Schema wird der Name M. Antonius, den er von den drei Arvalen dieses Namens trüge, der Name Gordianus, den er als Sohn der Ulpia Gordiana und Descendent Traians führte, klar. Sempronius weist auf die Gracchen, von denen er abzustammen vorgab. (Cap. Gord. 2. originem paternam ex Gracchorum genere habuit; Eph. ep. V, 342; Z. f. N. VI. 139.)

Gordianus ist vermählt mit einer Großenkelin des Antoninus (Pius oder Marcus?).

Obgleich wir auch den Namen des Vaters der antoninischen Descendentin, welche des Kaisers Gordianus Gemahlin war, wissen, ist eine sichere Feststellung ihrer Stammlinie sehr schwierig. Ein Blick auf die Tafel 32 zeigt, dass Ant. Pius nur eine Tochter hat, deren Kinder hier in Betracht kommen können. Nun aber heißt des Gordianus Gemahlin Antonini proneptis, und die Frage erneuert sich, ob auch hier Pius und nicht Marcus gemeint sei.

Marcus besitzt einen Schwiegersohn namens Cn. Claudius Severus, des Gordian Schwiegervater aber heißt Annius Severus. Letzteres wäre der normale Name eines Sohnes der (Annia) Fadilla und des Cl. Severus.

---

[1]) Diese Angabe wird bestätigt durch Münzen, die Gordian III. zu Ehren Traians restituierte; Cohen-Feuardent II., S. 88 hat allein aus stilistischen Gründen das Datum und die Urheber dieser Restitutionsmünzen erkannt; auch Gordian II. feiert die Abstammung von Traian auf Münzen mit der Reverslegende: DIVVS PATER TRAIANVS, lc. V, S. 5.

Gordians und der Orestilla Tochter heißt Faustina; auch damit ist nichts gewonnen, da die beiden Mütter der Fadilla Pii und der Fadilla Marci Faustinae heißen. Ein anderer Descendent Gordians I. und II. aber klärt durch seinen Namen die Situation auf: es ist Velius (lies Aelius) Cornificius Gordianus oder Aurelius Gordianus.

Conificiern aber begegnen wir nur im Hause des Marcus, im Hause der Annii, während Pius keine Verwandten dieses Namens besitzt. Eine Schwester und eine Tochter des Marcus heißen Cornificia; letztere wäre die Tante des Annius Severus, und so der Ursprung des so benannten Gordianus erklärt.

Die Namen Aelius Gordianus und Aurelius Gordianus beweisen nur die Descendenz von den Antoninen, ohne indes für Pius oder Marcus den Ausschlag zu geben.

Zur Erläuterung fügen wir die folgende Tafel bei:

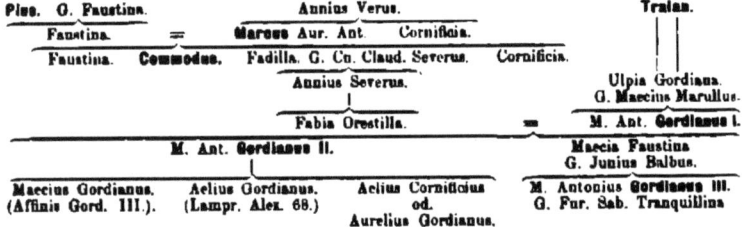

Dadurch, dass Gordians I. Schwiegervater ein Vetter der Annia Faustina, Gemahlin Elagabals, ist, kommen die Gordiane mit dem Severischen Haus in nahe Beziehung. Man sieht hieraus, dass wie nach dem Sturz des julisch-claudischen Hauses die nachfolgenden Kaiser sich mit den überlebenden Gliedern verbinden, so hängen sich jetzt die Bassiani, Maximini und Gordiani an die antoninische Dynastie an.

Ob der in Karthago erhobene Usurpator Sabinianus (Zosim. 1, 17) irgendwie mit Sabinia Tranquillina (W. 1012), der Tochter des Timesitheus (C. Fur. Sabinius Aquila Timesitheus W. 1293) zusammenhängt, ist nicht auszumachen; sein Aufstand fällt vor die Vermählung Sabinias mit Gordian, also 238—240. (Die Münzen der Kaiserin tragen die alex. Daten Δ—Z Gordians, also 241—244.) — Eine Stammtafel Gordians III. enthält die neue Auflage von Paulys Reallex. I, 1893, S. 2620.

Gordianus II.

Sohn des Kaisers Gordianus I.
Descendent der Antonine.
Descendent des Kaisers Traian.

Gordianus III.

Enkel des Kaisers Gordianus I. (W. 1011.)
Neffe des Kaisers Gornianus II. (Henzen 5529.)
Descendent der Antonine und des Traian. (Vgl. S. 42—43.)
Von den Kaisern Balbinus und Pupienus zum Caesar ernannt.
Er consecriert Großvater und Oheim (W. 1011) und erhebt seine Gemahlin zur Augusta. (W. 1012, 1505.)

Philippus I.

Der Kaiser Philippus consecriert mit ähnlicher Tendenz wie seine Vorgänger seinen Vater.

Er ernennt seine Gemahlin zur Augusta und den Sohn zum Caesar[1]), später zum Augustus, um eine Dynastie zu schaffen. So wurde Philippus II. der Enkel eines Divus und der Sohn eines Augustus und einer Augusta.

Divus Marinus.		
M. Jul. Philippus I. Aug.	G.	Marcia Otacilia Severa Aug.
	M. Jul. Severus[2]) Philippus II. Aug.	

Die Möglichkeit ist nicht ausgeschlossen, dass Otacilia Severa mit der severisch-bassianischen Dynastie zusammenhienge; vielleicht auch führt sie und ihr Sohn diesen Namen, um an jene anzuknüpfen, im Gegensatz zu den Gordianen, die an die echten Antonine sich affiliiert hatten.

Jotapianus und Pacatianus.

Über diese zwei Usurpatoren des Jahres 249 ist nichts näheres bekannt; der Vollständigkeit halber seien hier ihre Thronnamen beigefügt:
  M. F. Ru. Jotapianus. (Cohen.)
  Ti. Cl. Mar. Pacatianus (Cohen).

Decius.

Decius, durch seinen Namen C. Messius Q. Traianus Decius, den er als Kaiser führt, an Nervas Sohn Traian erinnernd, an den schon die Gordiane angeknüpft hatten, erhebt seine Gemahlin und zwei Söhne zu Augusti.

Des Decius Gemahlin hat zwei Namen mit früheren Kaiserinnen gemein: als Annia (Münzen von Tarsos Z. f. N. III, 339) könnte sie eine Descendentin der Antonine, als Herennia eine Verwandte der Herennid (W. 1020) Orbiana Augusta sein; doch besitzen diese Vermuthungen keine weitere Stütze.

---

[1]) Seit Philippus kommt die Titulatur „nob. Caes. p. f. Aug." (ohne Imperatortitel) auf (vgl. Mommsen, Staatsr. 2, 1106, A. 2; Schiller, RKG 2—801, A. 6; Herzog 2, 519).

[2]) Das Cognomen Severus führt Philippus II. wohl nicht nur, weil er es mütterlicherseits geerbt, sondern weil es durch Severus I., Sev. Antoninus, Sev. Macrinus, Sev. Alexander populär geworden.

C. Messius Q. Traianus Decius.
G. Annia, Herennia Cupressenia Etruscilla Aug.

| Q Herenn. Etruscus Mes. Trai. Decius Aug. | C. Valens Hostilianus¹) Mes. Quintus Aug. |

Trebonianus.

Er erhebt seinen Sohn zum Caesar und bald (offenbar nach dem Tode des Hostilianus Aug.) zum Augustus.

Seine Abstammung und sein Thronname geht aus folgendem Schema hervor:

C. Vibius C. F. L. N. Gallus Proculeianus. (Borgh. III, 279.)
Vibius Veldumnianus. — 205 —

| C. Vibius **Trebonianus** Gallus Aug | G. Afinia Gemina Baebiana. | (W. 1022; Dessau I, 527. |
| C. Vibius Afinius Trebonianus Gallus Veldumnianus L. **Volusianus** Aug.²) | | (W. 1022.) |

Des Kaisers Sohn und Mitregent wird mit der Tochter des Decius und Schwester des Hostilianus vermählt. (Schiller I, 808.)

Trebonian consecriert Mitglieder seines Hauses. (Dessau I. 526.)

Aemilianus.

Er erhebt eine Angehörige, wahrscheinlich seine Gemahlin, zur Augusta. (C. Cornelia Supera Aug.)

Des Aemilianus Thronname lautet: C. Jul. M. Aemil. Aemilianus. (Wiener Num. Zeitschr. V, 22 ff.)

Die Namen C. und Julius kommen hier wie bei anderen Kaisern nicht auf Reichsmünzen, sondern auf provinzialem Gepräge vor, gehören aber zu seinem Namen, wie die Combination: M · I · AIMIΛIANOC beweist. Die alexandrinische Münze mit dieser Legende wird im Münzkatalog des britischen Museums, Aegyptia nr. 2306 einem zweiten Aemilian, aber ohne Grund, zugeschrieben. Ihr Revers trägt die Jahrzahl A; sie wäre demnach vor dem 29. August 253 geprägt, da das zweite Jahr Aemilians in Ägypten mit diesem Datum beginnt. Sallet (Alex. Kaisermünzen) kennt nur einen, d. h. unsern Aemilian, mit Münzen des Jahres B. (Brit. Museum l. c. nr. 2115—2121.)

Uranius.

Tritt als L. Aur. Jul. Sulp. Uran. Antoninus in Emesa, in Syrien, der Heimat der Bassianischen Dynastie, auf. Mit dem Namen Julius erinnert er an Julia Domna, Maesa, Soaemias und Mamaea, mit denen er ohne Zweifel verwandt war. Als Aurelius Antoninus knüpft er noch deutlicher an jenes Herrscherhaus an.

Das Datum seiner Herrschaft ergibt sich aus den nach selenzidischer Ära datierten Münzen von Emesa vom Jahre 253—254 (vgl. auch Fröhner. Ann. nu-

---

¹) Ob Hostilian wirklicher Sohn oder Adoptiv- und Schwiegersohn des Kaisers war, ist unentschieden (vgl. Schiller I, 805 A 1); als Successionstitel gilt die Adoption allein schon.

²) Henzen (Eph. ep. II, S. 47) nimmt den Namen Traianus für die Diocletianische Zeit als Gentilnamen in Anspruch.

nism. 1886, p. 189—209). Die kleine Zahl der erhaltenen Münzen zeugt von einer kurzen Regierung.

Den Münzrevers mit „saeculares Angg.", den Fröhner als Beweis dafür ansieht, dass Uranius schon im Jahre 248, d. h. zur Zeit der Säcularfeier, regiert habe, verwerfe ich. Er ist offenbar nur eine Copie von philippischen Münzreversen, daher auch der Plural „Augg.", der sich auf Philipp und Sohn bezieht. Bezöge sich aber die Münze auf Uranius und Philippus, so wäre auch Philippus II. Augustus nicht vergessen und wir würden lesen: „Auggg." Der Revers beweist also nur, dass Uranius nach den Säcularfesten regiert hat, sonst nichts.

Valerianus und Gallienus.

Valerianus sucht sofort eine Dynastie zu gründen, indem er seinen Sohn Gallienus zum Augustus, dessen Gemahlin zur Augusta und zwei Enkel zu Caesares und Augusti erhebt.

Es consecriert ferner Mariniana, wahrscheinlich seine Gemahlin, und seine beiden Enkel nach ihrem Tode.

Gallienus erneuert das Andenken an die consecrierten Kaiser von Divus Augustus bis Divus Alexander.

Unter Gallienus erscheint ein siebentes Mitglied der Familie auf einer Münze (Marinianus).

P. Licin. **Valerianus.**	G.? (Diva) Mariniana.[1]	
L. Licinius Egnatius[2] **Gallienus**[3]).	G. Cornelia Salonina.	
P. Lic. Cor. **Valerianus** Caes. Aug.	P. Lic. Cor. **Saloninus** Valerianus Caes. Aug.	Marinianus.

[1] Die vom Jahre XV der Ära von Viminacium, d. h. von 254, datierenden Münzen der Diva Mariniana beweisen, dass diese Dame nur dem Valerianischen Hause angehört haben kann; des Gallienus Gemahlin kann sie nicht sein, da Salonina schon 253 als solche erscheint.

[2] Der Name Egnatius laut Eph. ep. III, 190; V, 1128; W. 1025, offenbar das Geschlecht der Mutter bezeichnend.

[3] Den weitern Namen des Gallianus: Verus, den ihm eine Inschrift CIL Hisp. II, 4691 beigelegt, verwerfe ich, weil diese falsch gelesen zu sein scheint; sie lautet:
IMP CAES a. 254.
PLICIN GALLIE
NVS VERVS PIVS, statt der letzten Zeile sollte es heißen:
— PFAVG PM
nach Analogie der Titulatur Valerians oben daran.

Auch die Abbreviatur OY auf den alexandrinischen Münzen braucht man nicht als Verus zu deuten; ich lese: A · K · Π · ΑΙ · ΟΥ · ΓΑΛΛΙΑΝΟC · ΕΥ · ΕΥC, d. h.: P. Lic. Valerianus Gallienus p. f. Aug.

Dass die beiden Söhne des Gallien denselben Vornamen tragen, darf nicht auffallen; schon Germanicus hatte zwei Söhne Namens Caius. Pius nannte zwei Söhne Marcus, Marcus zwei der seinigen Lucius. Nach Gallienus begegnen uns noch die gleichnamigen Brüderpaare M. Aur. Carinus und M. Aur. Numerianus, sowie T. Jun. Macrianus und T. Junius Quietus, M. Claudius und M. Quintillus, M. Tacitus und M. Florianus. Die Scheidung der Münzen der beiden jungen Valeriane macht einige Schwierigkeiten (vgl. Mommsen, Staatsr. II, 1106, A. 2; ders Abh d. k. sächs. Akad d. W. phil.-hist. Cl. II, 245, und Schiller, RKG. I², S. 827.

Cyriades.

Diesen Usurpator¹) nennen wir nur aus dem Grunde, weil er der erste der syrischen Kaiser ist, die unter einem Doppelnamen auftreten, um sowohl ihren römischen als syrischen Unterthanen zu entsprechen. Sein syrischer Name lautet: Mâr jâdâ (= der Herr erkennt) gräzisiert: Mareades, übersetzt: Kyriades²).

Vhabalathus.

Die Transcription seines syrischen Namens lautet griechisch: ΟΥΑΒΑΛΛΑΘΟC, die Übersetzung, ΑΘΗΝΟΔΩΡΟC. Lateinisch schreibt sich der Name auf den Königsmünzen: VABALATHVS, auf den Augustusmünzen: VHABALATHVS.

Letzteres ist somit die für seine Person als Kaiser zu adoptierende Namensform Vhabalath ist der Enkel des Palmyrenerfürsten (ἔξαρχος) Hairanes und der Sohn des Königs Odaenathus und der Königin Zenobia³). Anfangs als Mitregent unter dem Titel vir consularis, den schon sein Vater trug, und rex⁴), imperator⁵), dux Romanorum vom Kaiser anerkannt, erhebt er sich (Sommer 271) zum Augustus⁶).

Er ernennt seine Mutter zur Augusta.

Er führt die Gentilnamen der Julier, Aurelier und Septimier im Thronnamen.

	Nassoros. Vaballathos. Hairanes.	(Vgl. Mommsen, R. G. V, 427; Schiller, RKG. I, 825 ff.)
	Septimios Odaenathos.	
Septimios Hairanes	— 261 —	ἔξαρχος Παλμυρηνῶν ὁ λαμπρότατος συγκλητικός.
	Odaenathos⁷) — 257 — ὁ λαμπρότατος ὑπατικός βασιλεύς. 261—266/7. G. Septimia Zenobia Augusta. 271. βασιλίσση 266.7—272. (CIG. 4507.)	
Herodes, imperator 261. † 266,7.	Jul. Aur. Sept. Vhabalathus (Athenodoros) Augustus. 271.	L. Septimia Patabiniana Balbilla Tyria Nepotilla Odaenathiana. c. p (Dess. I, 1202.)

Die Kaiserin-Mutter Zenobia trägt neben dem griechischen und lateinischen Namen ebenfalls einen syrischen: Bat Zabbai.

¹) Er wird Augustus genannt bei Trig. tyr. 2, 2, 3; dem widerspricht die Nachricht nicht, Shâpûr habe ihn in Antiochia zum persischen Vasallen eingesetzt (Sommer 256). (Ammian. 23, 5, 3; Malal. 12, S. 295 ff.; vgl. Anon. p. Dion. 5, S. 218 et Diadorf.)
²) Vgl. Fränkel-Hermes XXII, S. 649.
³) Vgl. Sallet, Die Fürsten von Palmyra, 1866, welche Abhandlung nur in Bezug auf die Auslegung des Titels VCRIMDR nach Z. für Num. 1887, 4 zu vervollständigen ist, indem das erste R nicht Romanorum, sondern Rex bedeutet.
⁴) Als solcher mit der Königsbinde
⁵) „   „   „   dem Lorberkranz   } auf den Münzen dargestellt.
⁶) „   „   „   der Strahlkrone
⁷) Eudamus, Hist. Rom. 267 nennt ihn Decurio Palmyrenus.

Indem wir von den folgenden Kaisern, über welche vollständige und sichere Nachrichten fehlen, nur den officiellen Titel, d. h. den Thronnamen anführen, beschränken wir uns auf die kürzesten Notizen. Gleichwohl erhellt daraus, dass wir noch vom größeren Theile dieser Imperatoren nachweisen können, dass sie in dynastischem Interesse Söhne, Brüder und Gemahlinnen zu Augusti erhoben; ferner dass eine Reihe Kaiser als Verwandte abgegangener Imperatoren die Regierung antreten.

M. Fulvius T. Junius Macrianus.

Von seinem Vater, der selbst nirgends als Augustus auftritt, zum Caesar und zum Augustus erhoben (Clti. 3710).

T · Φ · ΙΟΥΝ ΜΑΚΡΙΑΝΟC[1]) im Jahre A (Brit. Mus. Aeg. n. 2300. 2301).

Μ ΦΟΥ ΜΑΚΡΙΑΝΟC im Jahre B (Brit. Mus. Aeg. n. 2290).

Letztere Münze halte ich für unzuverlässig, weil sie „retouchiert" (nachgeschnitten) ist; der Katalog schreibt sie dem Vater Macrianus' zu.

T. Fulv. Jun. Quietus.

Von seinem Vater oder Bruder zum Augustus ernannt. (Brit. Mus. 2302 bis 2305.)

Regiert als Bruder Kaiser Macrians im Orient (Emesa). Anon. fg. 8 FHG. IV. S. 195.

P. C. Regalianus.

Er erhebt seine Gemahlin Sulpicia Dryantilla zur Augusta.

Leitet seinen Ursprung auf König Decebalus zurück.

Der Name ist jedenfalls zu lesen: P. Cassius Regalianus, wenn dieser Kaiser verwandt ist mit L. Cassius Reguliauus zu Aquincum (CIL III, 3543); letztere Stadt gehört zum Aufstandsgebiet des Usurpators Regalian; Aurelius Victor (Epit.) spricht unmittelbar nach dem Aufstande des „Regillianus" von der Usurpation eines Cassius, Labienus und Postumus. Cassius ist daher als Gentilnamen Regalians, Labienus (verschrieben aus Latinius) als Namen des Postumus aufzufassen.

M. Cassianus Latinius Postumus.

Ulpius Cornelius Laelianus.

M. Aur. Marius.

M. Pi. Auvonius Victorinus).[2])

---

[1]) Der Name Fulvius und Junius auch auf Münzen von Byzanz (Brit. Mus. p. 109).

[2]) Victorinus war keineswegs Caesar oder Mitregent des Postumus; die Münzen nennen ihn durchgehend als Alleinherrscher (Augustus), und sowohl seine als des Postumus Reverstypen reden stets von einem und nicht von zwei Augusti; die einzige Ausnahme (Coh Post. n. 335) ist nicht normalen Gepräges, und die beiden Reverse des Victorin Cohen 135 und 136 sprechen eher für die Mitregentschaft des Tetricus mit Victorin.

C. P. Esuvius Tetricus I.

Verwandter des Kaisers Victorinus.
Consecriert den Kaiser Victorinus.
Erhebt seinen Sohn zum Caesar.

C. Pivesus Esuvius Tetricus II.

Verwandter des Kaisers Victorinus.
Sohn des Kaisers Tetricus I.

Die chronologische Basis vorstehender Liste der gallischen Kaiser bildet Hettners auf den Münzfunden beruhende Untersuchung.

Der Name des Kaisers Victorinus wird sonst in allen besseren Geschichts- und Münzwerken als M. Piauvonius V.[1]) angegeben. Daneben finden sich die Formen: M. Piaonius V. (Mosaik zu Trier, Katalog S. 8.) — M. Piavonius V. (Henzen 5548); M. Piauvonius V. ist die Form der Münzlegenden (Cohen 33 ff., 84 ff.). Vergleichen wir einige Münzlegenden, so finden wir:

    Imp. C · Pi. Victorinus (Coh. n. 8. 47. 102. 114).
    C · Pi. Es. Tetricus (Coh. n. P.).

Nichts liegt nun näher, als in dem gemeinsamen Bestandtheil der Namen zweier angeblicher Verwandter, dem „Pi.", einen Namen zu suchen.

„Pi." findet sich nun auch auf Münzen in folgenden Abkürzungen:

Imp. C. *P.* Esuvius[2]).	
„ C. C. *P.* Esuvius.	
C. P. Tetricus Caes.	als P.
C. P. E. Tetricus Caes.	
C. P. Es. „ „	
C. Piv. Esu. Tetricus.	als PIV.
C. „ Esuvius Tetricus.	
Pu. Esu. Tetricus. (Coh. n. 70.)	als PV.
C. Pu. Esu. „ (Coh. n. 80.)	

Ausgeschrieben lautet der Name: Pivesus, und zwar ist er bei keinem der drei Kaiser Vorname, wenn er auch da und dort an erster Stelle steht; Victorinus heißt vielmehr Marcus, Tetricus I. Caius (Rev. Arch. N. S. XVI, p. 58 suiv.) und Tetricus II. ebenfalls Caius.

Wir haben demnach hier eine jener knappen Abkürzungen eines Cognomens, wie sie früher nur für Praenomina üblich, im III. Jahrhundert aber auf alle Arten von Namen ausgedehnt waren, es sei nur an die Legenden: M. F. Rn. Jotapianus, P. C. Regalianus, J. A. S. Vaballathos erinnert.

---

[1]) Vgl. Hübner, Bonn. Jahrb. 39, 40, S. 4.
[2]) Wie Herzog (II, S. 563, A. 1) auf die Lesung C. Pius Etuvius (so) Tetricus, Baumeister (Denkm.) gar auf Poesuvius kommt, ist mir unerklärlich.

Mit dieser Lösung der Namensfrage erreicht man auch, dass Victorinus nicht mehr mit einem neuen, unbekannten und langen Gentilnamen auftritt, sondern man findet den bekannten Namen Avonius, der auch anderwärts (z. B. Wilm. 503, 1365, 2542) vorkommt.

Die Münzen ergeben die Form Anvonius, das Trierer Mosaik Aonius.
Die Münzlegenden Victorins wären somit folgendermaßen zu lesen:
Imp. C(aesar) Pi(vesus) Victorinus.
Imp. C(aesar) Pi(vesus) Av(vonius) Victorinus.
Imp. C(aesar) M(arcus) Pi(vesus) Anvonius Victorinus.

P. (bei Tetricus I), Pi. (bei Victorinus), Pv. und Piv. (bei Tetricus II.) sind somit Abbreviaturen[1]) eines und desselben Namens, und dieser Umstand verleiht der Nachricht über die Verwandtschaft der drei Fürsten eine Stütze und erklärt zugleich, warum Tetricus den Victorin consecrierte.

Mit Bezug auf diesen Act der Pietät dürfte Tetricus den Beinamen Pius, den er an Stelle des abgedroschenen Titels P. F. in ausgeschriebener Form führt (Cohen n. 15, 16, 65, 66; Rev. arch. XXVI, p. 131) angenommen haben.

M. Aur. Claudius.

M. Aur. Cl. Quintillus.

Bruder des Kaisers Claudius.
Consecriert seinen verstorbenen kaiserlichen Bruder.[2])

L. Cl. Domitius Aurelianus.

Ist vermählt mit einer Descendentin Traians und erhebt diese seine Gemahlin, Ulpia Severina[3]) zur Augusta.

M. Claudius Tacitus.

M. Annius Florianus.

Bruder des Kaisers Tacitus.

M. Aur. Probus.

Bonosus.

---

[1]) Eine weitere Form ergäbe die Inschrift Rev. Arch. N. S. XXVI. p. 131, wenn sie richtig gelesen ist; sie lautet: „Imp. Caes ... Pio ... Esu ... Tetrico Pio Aug.".

[2]) Die von Quintillus geschlagenen Consecrationsmünzen sind sofort kenntlich durch ihren der Epoche entsprechenden Stil; die Prägungen Constantins, der ebenfalls mit Claudius verwandt zu sein vorgab, zeigen wesentlich verschiedene Typen.

[3]) Ulpia Severina ist die Tochter des Ulpius Crinitus; ihre Münzen reichen vom ersten bis zum letzten Jahr Aurelians. Die Nachricht des Zonaras (XII, 27), der Kaiser habe eine Tochter der Zenobia Augusta geheiratet, ist demnach falsch. Die Töchter dieser Kaiserin vermählte er vielmehr an vornehme Senatoren. (G. Synkell. Aurelian.)

M. Aur. Carus.

Ernennt seine beiden Söhne zu Caesares und später zu Caesares Augusti.

M. Aur. Carinus.

Sohn des Kaisers Carus.
Er consecriert seinen kaiserlichen Vater.
Er erhebt seine Gemahlin Magnia Urbica zur Augusta. (W. 1056; Coh.)
Er consecriert seinen Sohn Nigrinianus. (Coh. VI, 409; Dessau I, 611.)

M. Aur. Numerius[1]) Numerianus.

Sohn des consecrierten Kaisers Carus und Bruder des Kaisers Carinus.

M. Aur. Julianus.

Sein Privatname lautete, wenn Jos. Antioch (163 FHG. IV, 601) richtig berichtet: Sabinus Julianus; seit der Thronbesteigung heißt er nach herrschender Übung Marcus Aurelius.

M. Aur. Maus.[2]) Carausius.

Nennt sich Bruder der Augusti Diocletian und Maximian, und nimmt wie diese und ihre Vorgänger den Namen M. Aurelius an.

Allectus.

L. Domitius Domitianus.

Bei den Schriftstellern Achilleus genannt. Dieser Titel scheint ihm beigelegt worden zu sein, nachdem sich die Kaiser Diocletian Jovius und Maximian Herculeus genannt hatten. Dass ihn die Überlieferung mit diesem charakteristischen Namen und weder L. Domitius noch Domitian nennt, wird begreiflich, da bereits ein Usurpator[3]) desselben Namens unter Gallienus[4]) aufgetreten war, und da die Namen L. Domitius auch den Kaisern Aurelianus und Alexander II. zukommen, somit aus allen drei Namen Missverständnisse hätten hervorgehen können.

---

[1]) Der Name Numerius nicht auf den Münzen, wohl aber auf Inschriften (CIL. II. Hisp. 4909, 4793; W. 1052).

[2]) Rev. Arch. 1895, S. 271: Imp. C. M. Aur. Maus (aco?) Carausio P. F. Invicto Aug.

[3]) Die diesem Kaiser (Domitianus II) zugeschriebenen Münzen gehören entweder dem Domitianus III. an oder sie sind unecht.
Nach Unterdrückung des letztern (296) schloss Diocletian die Provinzialmünzstätte von Alexandrien, ließ aber die von Domitian eröffnete Reichsmünze bestehen. (Vgl. Z. f. N. XIII, 239; XVI, 117.)

[4]) Ein weiterer, aber sofort unterdrückter Usurpator namens Domitian unter Aurelian Zos. I, 49; über den von den Flaviern abstammenden Domitianus (266) vgl. die Stammtafel der Flavier im Anhang.

— 52 —

```
M. Aur. C. Val.
Diocletianus Jovius.        = C. Gal Val.                Romula.
Galeria Valeria                Maximianus II.               |
                               Jovius.                      |
                                                      ┌─────┴─────┐
Val. Maximilla. (CIL. XIV. 2826.)                  Tochter.
G. M. Aur. Val. Maxentius.                            |
                                                 G. Gal. Val.
Val. Romulus. (Eph. ep. I, 216.)                 Maximus.


G. I. N. N. z. Eutropia.
            2. Maximianus I. Herculius.
                                │
        ┌───────────────────────┼──────────────────────┐
   M. Aur. Val.                                 Fl. Max. Fausta
1. M. Aur. Val. Maxentius.                   G. Fl. Val. Con-
   G. Fl. Val. Maxentia.                        stantinus I.
                        Fl. Max. Theodora.
                        G. Fl. Val. Constantius I.
                                │
        ┌───────────────────────┼────────────────────┐
   Fl. Val. Constantia.      Fl. Val. Licinianus.    Eutropia.
   G. Fl. Val. Licinianus        Licinius II.        G. Nepotianus.
   Licinius I. Jovius.                               │
                                                Fl. Jul. Pop.
   Val. Liciniauus.                             Nepotianus Constan-
                                                    tinus Aug.


M. Aur. Cl. Claudius.
        │
M. Aur. Cl. Quintilius.
        │
   ┌────┴───────────────────┐
Claudia.              Crispus.
G. Eutropius.
        │
Fl. Val. Constantius I.
G. 1. Fl. Jul. Helena.
   2. Fl. Max. Theodora.
        │
Jul. Constantius nob.
G. 1. Galla.
   2. Basilina.
        │
   ┌────┴────┐
Fl. Cl.               Fl. Cl. Julianus III.
Constantius Gallus    G. Helena.
Caes.

Fl. Jul. Dalmatius Caes.
Fl. Hanniballianus rex.
G. Constantina.


1. Fl. Jul. Crispus. Caes.
2. Fl. Cl. Jul. Constantinus II.
2. Fl. Jul. Constantius II.
   G. 1. Eusebia.
      2. Faustina.
2. Fl. Jul. Constans I.
2. Constantina.
   G. 1. Hanniballianus.
      2. Vetranio.
      3. Const. Gallus.
2. Fl. Jul. Helena.
   G. Julianus.

V. Procopius, Verwandter des Julianus.
   G. Gratianus.
2. Constantia.
```

M. Aur. C. Val. Diocletianus (Jovius).

Als Privatmann hieß Diocletianus wahrscheinlich C. Valerius; nach dem Beispiel seiner Vorgänger nimmt er den Thronnamen M. Aurelius an.

Indem er beide Namen miteinander verbindet, heißt er bald M. Aur. Valerius Diocletianus (W. 822), bald C. Aur. Valerius Diocletianus (W. 1061). Sein Beiname Jovius (W. 1059).

M. Aur. Val. Maximianus I. (Herculius).

Von Diocletian als Bruder und Caesar angenommen. (Mamert. Paneg. Maxim. 1, 4, 9.)

Nimmt gleich Diocletian die Namen M. Aurel und nach ihm den Namen Valerius an.

Versucht, die Tochter des Kaisers Diocletian, die Witwe des Kaisers Maximian II. zu heiraten. (Müller zu FHG. V. 137; Lebeau, Hist. du Bas-Empire ed. St. Martin I, 144.)

Fl. Val. Constantius I. (Herculius).

Großneffe der Kaiser Claudius und Quintillus. (V. Claud. 10, 7; 13, 2. V. Gallien. 7, 1; 14, 3. V. Carin. 17, 6; Julian. Orat. 2, p. 51 C.)

Trägt den privaten Gentilnamen des genannten Kaisers Flavius.

Adoptiert von Maximian I. (Schiller II, 130), nimmt er die Namen Valerius und Herculius an.

Vermählt sich mit des Kaisers Maximian I. Tochter (Fl. Max. Theodora).

Hier muss die Frage berührt werden, warum die beiden Töchter der Eutropia den Namen Flavia tragen; die ältere war die Gemahlin des Fl. Val. Constantius, die jüngere die des Fl. Val. Constantinus. Die Vermuthung liegt nahe, beiden sei dieser Name von ihrem kaiserlichen Gatten (analog Gal. Valeria) übertragen worden. Doch wäre noch eine andere Lösung möglich: Eutropia könnte eine Schwester oder Nichte des Eutropius sein, der mit der Nichte des Kaisers (Flavius) Claudius II. vermählt war. Auf Grund dieser Beziehungen zur gens Flavia (W 2102, 2834), die unter Constantin göttliche Ehren genoss, wäre die Annahme dieses Titels ebenfalls denkbar. (Über den Flaviustitel siehe oben S. 14.)

C. Gal. Val. Maximianus II. (Jovius).

Adoptivsohn des Kaisers Diocletian. (Schiller II, 130.)

Schwiegersohn des Kaisers Diocletian. (Schiller II, 130.)

Vermählt seine Tochter mit dem Sohn des Kaisers Maximianus I.

Trägt die Namen C. Val. nach Diocletian; Galerius ist entweder sein eigener Privatname oder vielleicht ein solcher des Diocletianus.

Erhebt seine Gattin, die Gal. Valeria, zur Augusta; diese trägt ihren ersten Namen entweder nach dem Vater oder nach dem Gemahl.

Fl. Val. Severus II.

Trägt seinen Namen Fl. Val. nach Kaiser Constantius I.

Gal. Val. Maximinus II.

Neffe des Kaisers Maximianus II., dessen Namen Gal. Val. er übernimmt.

M. Aur. Val. Maxentius.

(CIL. Sic. Sard. 6816 ff.; IX, 5976, 6059, 6066.)

Sohn des Kaisers Maximianus I., dessen Titulatur M. Aur. Val. er übernimmt; als Privatmann hieß er M. Val. Maxentius v. c. CIL. XIV.

Vermählt sich mit der Tochter des Kaisers Maximianus II., einer Enkelin des Kaisers Diocletianus, Base des Kaisers Maximinus II.

Schwager des Kaisers Constantius II. („adfinis" Cohen VII, S. 58, n. 2; cognatus Cohen VII, S. 58, n. 7).

Schwager des Kaisers Constantinus I.

Er consecriert seinen Vater Maximianus I. und seinen Sohn Romulus[1]) und prägt Münzen auf seinen consecrierten Schwager Constantius I.

L. Domitius Alexander.

Die Namen L. Domit. trägt er gleich den Kaisern Aurelianus und Domitianus (III.). (Eph. ep. V, 257; CIL. VIII, 1, 7004; Vict. Caes. 40, 28; Zosim. 2, 12, 2.)

P. Fl. Cl. Gal. Licinianus Licinius (Jovius).

Angeblich Verwandter des Kaisers Philippus I.

Nimmt nach Maximianus II. und Maximianus III. die Namen Gal. Val. an.

Versucht, die Kaisertochter Valeria, Witwe des Kaisers Maximian II. zu heiraten[2]).

Vermählt sich mit Constantia, der Tochter des Kaisers Constantius I., Nichte des Kaisers Maxentius und Stiefschwester des Kaisers Constantinus I.; nennt sich seither Flavius[3]).

Erhebt seinen Sohn Fl. Val. Licinianus Licinius zum Caesar.

Aur. Val. Valens I.[4])

Nimmt die Namen Aur. Val. nach Diocletian, Maximian I. und Maxentius an. (Z. f. N. XVIII, 204.)

M. Martinianus.

Laut Cohen VII, 224—225, ist dieser Mitregent des Licinius nicht nur Caesar, wie ihn Zosim. II, 25—28 nennt, sondern Augustus.

---

[1]) Diesen hatte er nicht zum Caesar, sondern nur zum Consul (308 und 309) und zum Nobilissimus ernannt. (Vgl. Stückelberg in Z. f. N. XIX, 107, A 1.)
[2]) Müller zu FHG. V, 137; Le beau I, 114.
[3]) Schiller, RKG. II, 178, A. 3.
[4]) Schiller II, 197, wie viele andere, liest auch hier die Münzlegende falsch, indem er dem Valens den Vornamen Caius beilegt; das C der Legende Imp. C. Aur. Val. Valens p. f. Aug. ist selbstverständlich die Abbreviatur von Caesar.

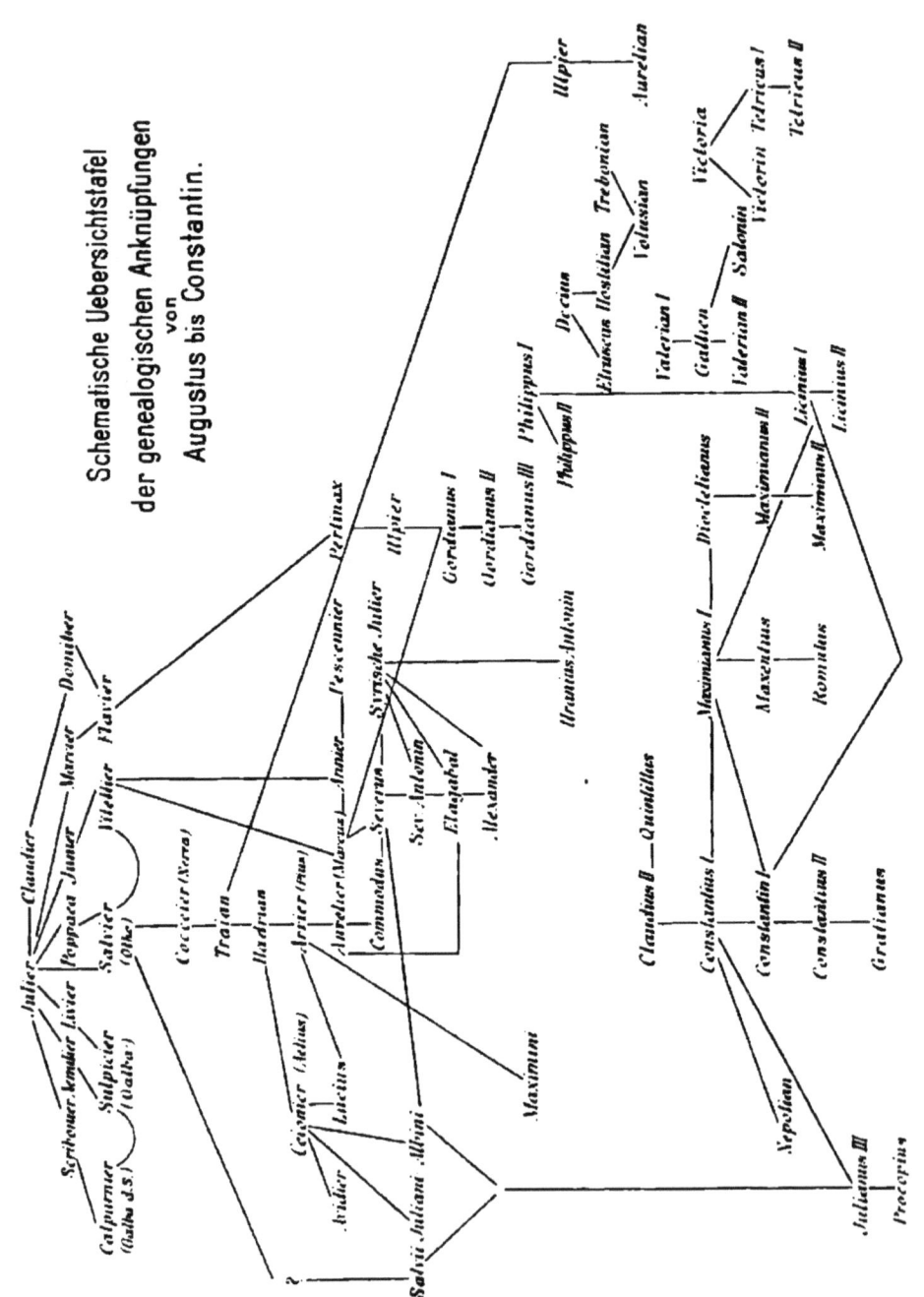

—79.
lucl. V, 3.)

agus. -96. Longina. r. 73. S. 536.)	Domitilla (Suet. V, 8.) Flavia Domitilla. G. Fl. Clemens. (Dio. 67, 14.)
itianus 3), g. 126.	
itianus, g. 166.	? T. Fl. Domitianus. 5)
itianus, g. 215. 216.	
omitianus. 4) — 266 —	

omitier.

lo. (T. A. III, 31.)

T. A. H. XI, 18 sq; Dio. 63, 17.)

Domitia (Augusta).
G. 1. L. Aelius Pl. Lamia
G. 2. **Domitianus.**
Caesar.

autius

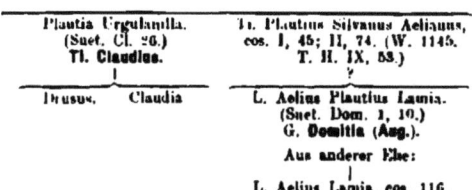

Plautia Urgulanilla. (Suet. Cl. 26.) **Ti. Claudius.**	Ti. Plautius Silvanus Aelianus, cos. I, 45; II, 74. (W. 1145. T. H. IX, 53.)
Drusus. Claudia	L. Aelius Plautius Lamia. (Suet. Dom. 1, 10.) G. **Domitia (Aug.).**
	Aus anderer Ehe: L. Aelius Lamia, cos. 116.

cribonier.

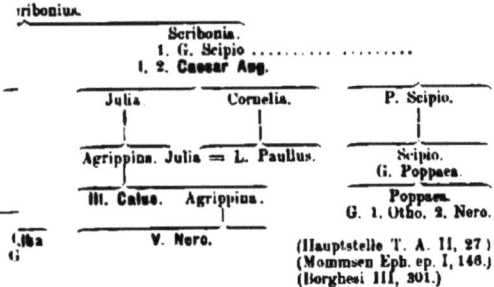

Tafel A zeigt die Descendenz Piso-Galbas von von den Licini Crassi, Calp. Pisones Frugi, Pompeii Magni und Scribonii Libones. Durch Adoption kommen auch noch die imagines des Lutatius Catulus (Ahne Galbas) und der Galbas in sein Atrium (Taf. B. Martial 4, 40). Die Fusion der Häuser von Dolabella und Galba Sohn kommt in den Namen Dolabella Veranianus und Ser. Dolabella Pompeius klar zum Ausdruck.

. Ser. f. P. nep. P. pron. P.
bella Metilianus Pompejus Marllus. (Dessau I, 1049.)

Vitellier.

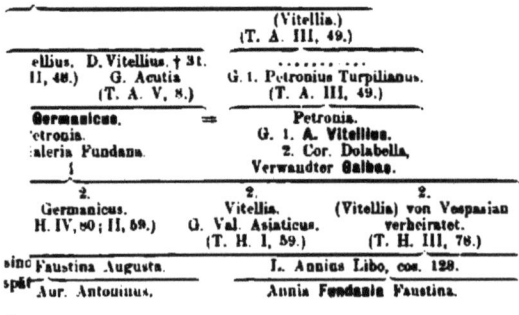

abzu
Toc!

```
                    Annia Ga|nius Verus.
                    G. T. Aur. illa.  † 156.  (W. 2782.)
                    T. Ael. H|
M. Aur. Ful.   M. Gal                                                    Annia Cornificia Faustina.
Antoninus.     Anton                                                          † v. 161.
                                                                       G. M. Vmmidius Quadratus.
                                                                       (Borgh. III, 241; Dio. 42, 4.)

                   Fadilla.        Cornificia.      Vib. Aur. Sabina.       Vmmidius Quadratus.
                   † 210 17.        — 215.            — p. 192.
                   G. Cn. Claud.      G.             (CIG. 2969.
                   Severus.       Mamertinus.        Renier: 2718,
                   (Dio. 79, 6.)    † 190.              2719.)

                    Annius         Petronius
                    Severus.       Antoninus.
                                    † 190.

              abia Orestilla.
              . Gordianus I.
              II.                   Faustina.

              s Cornificius        Gordianus III.
              ordianus
¹) Mze. v.    . Gordianus).
```

Von **E. A. Stückelberg** sind ferner erschienen:

Der constantinische Patriciat.
Basel und Genf. Georg, 1891.

Die Palmsonntagsfeier im Mittelalter.
Basel. Reich, 1894.

Reliquien und Reliquiare.
Zürich. Fäsi & Beer, 1896.

Die mittelalterlichen Grabdenkmäler des Basler Münsters.
Basel. Reich, 1896.

Longobardische Plastik.
Zürich. Leemann, 1896.